無双のメンタル

アラン・コーエン認定 ライフコーチ
宮崎直子

光文社

はじめに

シリコンバレー式無双のメンタルで唯一無二のあなたの人生を手に入れる

本書をお手にとっていただきありがとうございます。

コーチングの仕事をしている私は、クライアントからよくこんな話をされます。

「上司からの評価が気になって仕方がありません。上司の評価で給料が決まるので、いつもビクビクしながら仕事をしています」

「直子さん、私は自営業です。他人の評価を気にするなと言っても、お客様に評価してもらえないと商売にならないですよね？」

「ママ友のグループＬＩＮＥに入っているんですが、いつもグループ外のママの悪口で盛り上がっています。私も知らない間にSNSで悪口を言われてるんじゃないかと思うと、私はともかく子どもが心配です」

このように、**日々の仕事や生活の中では、常に「他人の評価」がつきまといます。**

赤の他人からでなくても、親や家族から「お前はなんて頭が悪いんだ」「鼻ぺちゃだな」、恋人やパートナーから「この料理、不味《まず》いな」「いつも散らかしてるね」、友人から「最近、太ったんじゃない？」「今日のその服、似合ってないね」などと、性格や能力、容姿などについて心ないことを言われ、心が折れそうになっている人も多くいるでしょう。

ネットやSNSが発達した今ほど、他人の評価にさらされている時代はありません。Xやネットニュースのコメント欄を見ると、まさに誹謗《ひぼう》中傷のオンパレード。それを目《ま》の当たりにしてショックを受け、自ら命を絶った有名人も少なくありません。

気にしないようにと思っても、言葉の一つひとつがずっと頭にこびりついて離れず、しだいに世の中の全員が自分のことをそう思っているんじゃないかと思い込むようになり、やがてメンタルが蝕《むしば》まれてしまうことは想像に難くありません。

一方で、他人からのネガティブ評価をものともせず、飄々《ひょうひょう》と自分の人生を謳歌《おうか》している人もいます。他人のネガティブ評価にアイデアを得て、新しいサービスや製品を生み出す人、自分や会社の成長に繋《つな》げている人が存在するのも事実です。

このように他人の評価でメンタルを病んでしまう人と、病むどころか成長できる人の違いはどこにあるのか？　それは**他人の評価は「最終評価」ではないことに気がついているかどうか**です。他人の評価をそれが正当なものか、無視すべきものか、どうしたら自分の成長に活《い》かせるか、自分で評価する方法を知っているかどうかなのです。

この本は、その秘密の方法、つまり、他人の評価をあなたが評価して、メンタルを守り、自分の成長のためだけに使う方法を述べたものです。

「他人の評価」というのは自分でコントロールできるものではありません。いくらあなたが日ごろから真面目《まじめ》にきちんと振る舞っているとしても、悪意をもってあなたを見る人は必ずいます。あとで詳しくお伝えしますが、あなたの周りに10人いるとしたら、そのうちの2人くらいはあなたのことを快く思っていないものなのです。

だから、そのような自分ではどうしようもないことに振り回されて人生の貴重な時間をムダにするよりも、**「他人の評価」を逆にあなたが評価し、分析して、メンタルへのダメージは最小限に留《とど》め、自分の成長発展に繋がるような行動に結びつけることができるよう、戦略的に考えることが必要**なのです。

このサイクルを繰り返すうちに、他人のポジティブ、ネガティブ、どちらの評価にも一喜一憂することのない、〝無双のメンタル〟を作ることができます。本書のタイトルでもある「無双のメンタル」の「無双」という言葉には、「並ぶものがいないほど優れている」という意味の他に、「二つとないこと」つまり「唯一無二」という意味があります。本書で紹介する「3つのステップ」で考える習慣を身につけ無双のメンタルを手に入れて、「唯一無二」のあなたの人生を最高に幸せなものにしてください。

私は現在シリコンバレーの郊外に住み、独立して、執筆やセミナー、企業研修、コーチングを通して、皆さんに自己肯定感を高める方法をお伝えしていますが、以前は、シリコンバレーのＩＴ業界で22年以上マーケティングや営業の仕事をしていました。

この「３つのステップ」は、私がその中でたどりついた考え方やコーチングの理論、そして私自身の経験がベースになっています。

実は私も御多分に漏れず、長い間他人の評価に振り回されて生きていました。

保守的な三重県の小さな漁師町で育った私は、幼い頃から、親からどう思われるか、先生からどう思われるか、近所の人からどう思われるか、友人からどう思われるかなど、他人の評価をとても気にしていました。小学生の頃は「誰からも好かれる明るい良い子」になることを目標に掲《かか》げていたくらいです。

それが、**３つのステップを身につけたことで、私は今では、他人の評価に振り回されることなく、本当の自分の人生を存分に楽しむことができるようになりました。**

ここで簡単に本書の構成をご紹介しましょう。

第1章では、そもそも多くの人がなぜ他人の評価を鵜呑《うの》みにするようになってしまうのか、他人の評価とメンタルの関係を解説します。

第2章では、他人の評価を気にせずに自分軸で生きるためのメンタルの基本について説明します。他人の評価を鵜呑みにしてしまう背景には、「自分はそんな風に他人から扱われても仕方がない」と思い込んでいることがあるからです。この思い込みをまず外してください。

第3章では、人の評価に振り回されない自分になるために必要な考え方についてお話しします。すべての人に高く評価されないと生きていけないという間違った思い込みを手放していきましょう。

そして、第4章では本書のキモである他人の評価に振り回されない無双のメンタルを作るための世界一シンプルな3ステップを詳しくご紹介します。

第5章、第6章、第7章では、具体的に家族や上司など身近な人の評価、顧客からの評価、そして、医師や弁護士などの専門家からの評価をあなたがどう受け止め、どう評価したらいいのかを実例と共に解説します。

第8章では、オーディションや試験の結果を例に、評価の先にある人生のゴールの設定の大切さについてお話しします。

最後に第9章では、あなたの人生は結局あなた以外の誰のものでもないことを腑《ふ》に落としてもらいます。

シリコンバレーで、他人からひどい評価をされたとき、よくこんな表現が使われます。

Don't take it personally.

これは、直訳すると「個人的に受け取るな」という意味なのですが、**「評価した側の事情で酷評しただけだから、あなたのせいではない。個人的に攻撃されたと思う必要はない」**という意味です。

この言葉を心のどこかに留めておいて、本文を読み進めてみてください。

本書をお読みいただいたあなたが、他人の評価に振り回されることなく、眠っている力を存分に発揮し、幸せな人生を送れるようになることを願って止《や》みません。この本がそのための一助になれば、著者として嬉《うれ》しい限りです。
あなたの人生は、誰のものでもない、唯一無二のあなたのものなのですから。

二〇二四年　弥生

宮崎直子

CONTENTS

第5章　もし「身近な人」がデビルだったら……　127

第8章　「人生のゴール」はこう設定しよう！

ブックデザイン／松田喬史（Ｉｓｓｈｉｋｉ）
図版／デマンド

第1章

なぜ「他人の評価」にメンタルをやられてしまうのか

他人の評価はメンタルにとって諸刃の剣

私たちは好むと好まざるとにかかわらず、日々、他人の評価に晒《さら》されています。「その服、いいね」という友人の何気ないひと言から「こんな成績じゃ困るよ、キミ」という上司からの叱責《しっせき》、「あなたは気管支系が弱いですね」という医者からの評価、SNSでの「いいね」やコメント、そして「お母さんは仕事ばっかり」という子どものひと言。朝起きてから夜寝るまで、私たちは他人の評価を避けて通ることはできません。

他人の評価は扱い方しだいではあなたを励まし、あなたが成長発展するヒントを与えてくれます。一方で、**扱い方を間違えると、それはあなたの停滞、ときには生死にかかわる問題に発展してしまいます。**

人気タレントがアンチからSNSで中傷を受け自ら命を絶ってしまう。上司から日々、心ない批判や叱責を受けてメンタルをやられてしまう。幼い頃から親に暴言を浴びせられ、自分には生きる価値がないと自暴自棄になってしまう。恋人の「死ねよ」というひと言で、生きる希望を失ってしまう。受験に失敗して将来が閉ざされたと思いこみ、人生そのものを諦《あきら》めてしまう……。

悲しいけれど、そんなことが日々、日本の、そして世界のどこかで起こっています。

一方で、アンチの声はものともせず笑顔で活躍し続けるタレント。上司の不当な批判には耳を貸さず、人事に訴えたり、さっさと転職したりして、どんどんキャリアを積んでいくビジネスパーソン。成人してから毒親とは距離を取り、自分の人生を100％謳歌《おうか》する人。暴言を吐く恋人とは速攻でお別れして、おひとりさまを思う存分楽しむ人。受験に失敗しても、何事もなかったかのように次々と新しいことに挑戦し活躍する人。このような、真逆の人々が存在することも事実です。

似たような状況に置かれたにもかかわらず、自滅してしまう人と、人生を思う存分楽しんで成長していく人。その二者の違いは、どこから来るのでしょうか？

それは、**「他人の評価」の正しい扱い方を知っているかいないか**です。「他人の評価」はナイフのようなもの。それを自分に向けて自分を傷つけることに使えば、ときに死に至ってしまいます。一方で、ナイフを使って美味しいお料理を作れば、健康に幸せに暮らすことができます。もし強盗に縄で縛られてしまったとしても、ナイフで縄を解き、自分を自由にすることができます。

要は、ナイフそのものが悪いわけではないのと同様に、「他人の評価」そのものが悪いわけではないのです。その正しい扱い方をあなたが、知っているか否かなのです。

ご安心ください。これから一緒に「他人の評価」を、あなたのメンタルを強くし、幸せに生きるためだけに使うシンプルな方法を学んでいきましょう。

まず、初めにあなたに知ってもらいたいことは、**すべてあなたがコントロールできる**ということです。

あなたは「他人の評価」を最終評価だと思っていませんか?

決してそんなことはありません。**他人の評価を最終評価だと思うから、あなたはそれに振り回されてしまうのです。他人の評価を「あなたが」評価していいのです**。その評価は正当なものか、その評価はまともに聞くに値するのか、その評価は自分の幸せにつながるものか、それを「あなたが」評価していいのです。

自分が最終判断者。自分で評価していい。

そうやって人生の指揮権を自分に取り戻すと、なんだか人生楽しくなってきませんか？

他人の評価にメンタルがつぶされる3つのパターン

これから順を追って他人の評価の正しい扱い方をお伝えしていきますが、まずは、「他人の評価」に対する、あなたの「間違った評価法」には次の３つのパターンがあることを覚えておきましょう。

まず１つ目は、「**自分を責める**」です。他人からのネガティブ評価を額面通りに受け取って、「自分はダメだ」「自分は無能だ」「自分は生きる価値がない」と自分を責めてしまう場合です。後の章で詳しく述べますが、ダメな人なんていないのです。無能な人もいません。すべての人は存在レベルで、無条件に生きる価値があるのです。

今後どんな暴言を吐かれても、絶対に自分を責めるのはやめましょう。あなたは目標を達成できなかったかもしれません。あなたがしたことで怒っている人がいるかもしれません。それでも、あなたの価値は何一つ変わらない。暴言を吐かれて悲しんでいるあなたを、あなた自身が追い打ちをかけるようなことをする必要は全くないのです。

2つ目のパターンは「**他人を責める**」です。解雇された人が恨んで会社に火をつけたり、アメリカなら会社に押し入って銃で襲撃したりするというのがこのパターンです。

このように具体的に他人を攻撃し返すという行動に出なくても、「あの上司のせいで人生が狂ってしまった」「あの親のせいで自分はこんなに惨《みじ》めな状態だ」「受験に失敗したのは教師のせいだ」と何年も他人を恨み続けるのもこのパターンです。

3つ目のパターンは「**評価を避ける**」。これは誤解されないように少し説明が必要です。あなたをボロクソに言う人に対しては、可能な限り避けてください。あなたを傷つける言葉を日々投げかける親やパートナーからは一目散に逃げてください。親やパートナーを捨てる罪悪感など無用です。上司だけでなく会社全体がブラックならば、あなたの大切な人生の時間をそこに費やすのはやめてください。

また、あなたが成し遂げようとしていることを「無理」と決めつけるドリームキラーからも、距離を置いてください。

ただ、ここでいう「評価を避ける」は、他人からのネガティブ評価を恐れるあまり、何も挑戦しなくなる、家に引きこもることも指しています。

もちろん、傷ついてしばらく何もしたくない、家に一人でいたいという状態が一時的にあってもかまいません。

でも、評価を一切受けたくないから一生家にこもって何もしないというのでは、あなたの大切な人生があまりにもったいないと私は思います。

私の例でお話ししましょう。私には、私が死んだらこんな風に私のことを覚えてくれていたら嬉しいという目標があります。それは、こんな目標です。

「宮崎直子さんは、この世界がより幸せな場所になるために、直子さんができることを、最大限に楽しみながら、すべてやり尽くしました」

私は、私が日々していることがこの目標に合致しているかどうか、いつも照らし合わせています。この世界がより幸せな場所になるために、私ができること。その一つが、こうして幸せに生きるヒントを本という形にすることです。

本を出版するということは、おそらく一生お目にかかることがないであろう不特定多数の人にメッセージを投げかけるということです。私のメッセージを私が意図した通りに受け止めてくださり、一瞬でも幸せになったと思ってくださる人が少なくとも一人は必ずいるはずという確信があるからこそ、私は本を書いています。

実際、「人生に希望の光が見えた」といった嬉しい感想を述べてくださる人もたくさんいます。けれども、中には私のメッセージの意図を汲《く》んでもらえず、悪意や敵意を持たれることもあります。

ネガティブ評価を避けたかったら、本なんて出版しないほうがいいのです。アマゾンのレビューなどでボロクソに叩かれたりすることもありません。

けれども、それと同時に私のメッセージで勇気を出してもらえる人にもメッセージを届けることができなくなるのです。それはもったいないと私は思います。

間違った評価の仕方の3つ目のパターン「評価を避ける」は、まとめて言うとこういうことです。ブラック企業、毒親、毒パートナーなど、明らかに害しかもたらさない存在からの評価は避ける。けれども、本を出版することのように、明らかに恩恵を受けてもらえる人がいる場合は、一部のアンチの評価を恐れて行動をやめるようなことはしない、ということです。

前の節で、私たちは朝起きてから寝るまで、好むと好まざるとにかかわらず、他人の評価に晒されているとお話ししました。評価を完全に避けたかったら、部屋に引きこもるしかありません。家族との接触さえ絶ち、SNSも見るだけで発信は一切せず、誰とも会わないようにするしかないのです。

もちろん一人時間を楽しむことは大切です。私もそんな時間が大好きです。

でも、後の章でもお話しするように、**私たち一人ひとりは幸せになるために生まれてきた。私たち一人ひとりには眠っている無限の可能性がある。それを開花させないまま、ただ傷つかないこと、生き延びることが目的の、守りの人生で終わってしまうのでは、もったいない**と私は思います。

ブラック企業、毒親、毒パートナー、いじめを誰も止めない学校……。そんな存在や環境が存在するのは事実です。老婆心から、あるいは嫉妬心からあなたの挑戦にことごとくケチをつけてくるドリームキラーもいるでしょう。

けれども、良心的な会社、愛情深い親、思いやりのあるパートナー、いじめを見逃さない学校、そしてあなたの夢を心から応援してくれる人も確実に存在します。身近になかったら、自分でそんな会社を始める。そんな学校を作ってもいい。自分が思いやりのある人になればいい。**自分が自分の〝一番の推し〟になればいい**のです。

あなたが無双のメンタルを手に入れ、幸せな人生を送るためにも「他人の評価」に対する逆評価の方法を身につけて、一緒に人生を謳歌していきましょう。

他人の評価を気にするメカニズム

なぜ、私たちは、こんなにも他人の評価を気にしてしまうのでしょうか?

それは、他人の評価は私たちのサバイバルにかかわるからです。詳しくお話ししていきましょう。

子どもは自分でお金を稼ぐことができません。だから生きるためには、親という人生で最初に出会う他人の評価を気にせざるを得ないのです。

「なに、このぐちゃぐちゃの部屋！　何度言ったらわかるの？　あなたは本当にだらしないんだから。晩ごはんはお預けね！」

小学生の子どもが親からそう言われれば、「自分はだらしないんだ、何度言われてもできないダメな子なんだ」と認めざるを得ません。

「今日は早く起きられたね」「あなたは字が下手ね」「食べ方が汚いね」「国語はよくできるけど、理科はダメだね」「かわいくないね」「友人が少ないね」「太ったね」「きょうだいの中では一番頭がいいね」「どんくさいね」「今回のテストは良い点数だったね」などなど、親は多くの場合良かれと思って日々子どもを評価します。それには良い評価も悪い評価も含まれます。

子どもはとても早い段階で、親を怒らせるのは得策ではないことを理解します。親からの評価は、自分がご飯を食べさせてもらえるかどうか、叩かれたり叱られたりしないかどうか、という自らの生存にかかわることだからです。

親という「人生で最初に出会う他人」からの評価を気にしないと生きていけないと学習してしまった私たちは、年齢を重ねるにつれ、教師からの評価、友人からの評価、上司からの評価、お客さまからの評価、パートナーからの評価を気にして生きていくようになります。

子どもを個人として自分と切り離して捉え、自分の価値観を押しつけることなく尊敬の念と愛情を持って育てることができる親というのはおそらく一握りのはずです。

冒頭のぐちゃぐちゃの部屋の例で言えば、「この子は好奇心旺盛で、いろいろなものを部屋に溜め込んでいる。様々なことに同時に着手して全部出しっぱなしになっている。そういうところも、一生懸命でかわいいな。いつか『スッキリした部屋にしたいから、片づけ手伝って』と子どものほうから頼んできたら、もちろん喜んで手伝おう」と子どもの良い面にフォーカスして人格を尊重し、ポジティブに気長に構えることができる親はほとんどいないでしょう。

けれども、もしこんな親に育てられたとしたら？　子どもは「他人の評価は恐れることはないんだ」「他人は自分の良いところに注目して伸ばそうとしてくれる」という風に、他人の評価を好意的に捉えることができるのではないでしょうか。

私も含め多くの人は、こんな理想的な親ではなかったはずです。そんな親からの評価が自分のサバイバルにかかわり、大きくなるにつれて、それが「他人の評価」に変わっただけ、というケースがほとんどでしょう。

けれども私たちは、もう他人からの不当な評価、愛のない評価を鵜呑《うの》みにする必要はありません。なぜなら、私たち大人は、自分で稼ぐことができるから。自分で仕事も住む場所も選ぶことができるから。

不当な評価、愛のない評価は一切受けつけないと決意したときから、あなたの第二の人生が始まります。

少し余談になりますが、私の娘の部屋も小学生の頃は本当にぐちゃぐちゃでした。ありとあらゆるおもちゃや洋服が床に積み重ねられて足の踏み場もありませんでした。けれども高校生になった今、娘の部屋は綺麗《きれい》スッキリ、乙女心をくすぐる家具に囲まれ、「これを部屋に飾ったら、もっと素敵になるかも」なんて言いながら、お店に行くと嬉しそうに小物を物色したりしています。

娘の部屋が綺麗に片づいたのは、私が娘に「片づけなさい！」と言ったからではありません。私自身、部屋が散らかっていたときがあったけれども、親に言われて片づいたためしはありませんでした。それがあるとき自ら決意して大掃除をし、部屋がスッキリした経験があったので、本人がそうしたいと思うまで、何も言わないでおいたのです。

人から言われなくても、人間は向上したいと思っています。「ご飯はお預け」という脅しを使わなくても、人格を否定するような叱り方をしなくても、本当は、もっと良い人生を過ごしたいと思っている。**子どもは、子どものタイミングで成長していく。それを信じて待ち、子どもが「助けて」と言ったときに喜んで手を差し伸べるのが親の仕事**だと私は思います。人には自ら人生を良くする力が備わっているのです。

「他人のネガティブ評価」を信じてしまう５つのパターン

他人の評価を気にしてしまう仕組みをお話しした後は、気にするだけでなく、「その評価に自分も納得してしまう仕組み」についてお話ししましょう。

誰かにネガティブな評価をするとき、多くの人は、相手がその評価に納得するように、もっともな理由を付けてくるものです。あなたが、そのもっともな理由にひっかかって、うっかり信じ込まないように、いくつか典型的なパターンをご紹介しましょう。

【パターン①：数の圧力をかける】

「あなた、キモいね。みんなもそう言っているよ」
「キミ、仕事が遅いよ。他の人も迷惑だと言っているよ」

責める側が、自分の評価だけでなく「みんな」という数の圧力を使ってくる場合です。でも「みんな」って誰なのでしょう？　クラスのみんな？　会社のみんな？　それとも実は自分が知っている一人か二人だけ？　あるいは、「みんな」なんて出まかせで、そもそも存在していない？

こんなズルい数の圧力を使われ、それを真に受けてしまうと、世界中が敵に見えてしまいますよね。

【パターン②：罪悪感を煽《あお》る】

「私はあなたのためを思って言っているのよ。こんなままで大人になったら困るから」
「お客さまにどれだけ迷惑かけているか、わかっているのか？　会社にとってもすごい損失なんだよ。だからキミに何度も注意してるんだ」

暴言を正当化するパターンの一つに、「あなたのためを思って」「お客さまのためを思って」「会社のためを思って」と言うことで、相手の罪悪感を煽るという手法があります。

たとえそれがひどい発言でも、「あなたのためを思って」と言われてしまうと、受け入れなければならない気がしますし、「誰かに迷惑をかけている」と言われれば、自分はいけないことをしているんだと思ってしまいます。

罪悪感に気を取られて、そもそもその発言、その指摘が正当なものかどうか、その発言が自分の成長を思ってのものなのかどうかが見えなくなってしまうのです。

【パターン③：レッテル貼り、人格否定】

「忘れ物が多いから注意しているのよ」
「ミスばかりするから言っているんだ」
「仕事が遅いキミだから心配なんだよ」

「忘れ物が多い人」「ミスばかりする人」「仕事が遅い人」とあなたにレッテルを貼って、あたかもそれが永遠に変わらないかのように思わせて人格を否定するパターンです。

誰だって忘れ物はするし、ミスもする。仕事だって、早くできるものもあれば時間がかかるものもあります。それなのに他人にレッテルを貼られて、それを自ら鵜呑みにすると、さらにそのレッテル通りの行為が続いてしまうという悪循環に陥ります。

【パターン④：過去を持ち出す】

「あのときもこうだったよね」
「以前もあんなことをしたよね」

今このときの話をしているはずが、半年前、1年前に起こったことまで持ち出し、「だからあなたはダメなのよ」と過去の事例を味方につけて、相手がいかにダメか説き伏せようとするパターンです。

【パターン⑤：一般化する】

「何をやってもヘマばかり」

「お前は何一つまともにできない」

うまくできたこともたくさんあったのに、それは完全に無視して、うまくできなかったことばかりをあげつらい、一般化するパターンです。「何をやっても」「何も」「何一つ」という言葉を相手が使っていたら、要注意です。

これらのズルい手法にどう対応するかは、第４章で詳しく述べますが、まずは、**このようなパターンがあり、あなたはそれに同意することはないこと**を覚えておきましょう。

第2章

「他人の評価」に振り回されないメンタルの基本

すべての人が幸せになるために生まれてきた

「他人の評価にどうしたら振り回されなくなるのか、具体的な方法を早く教えてほしい」

そんな声が聞こえてきそうですが、その方法は第４章まで待ってくださいね。

スポーツにたとえて言うなら、具体的なやり方は第４章でお話しするとして、この章は、そのスポーツの基礎となる体力、そしてマインドセットを身につけてもらうためのものです。

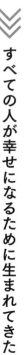

他人の不当な、そして心ない評価に振り回されないようにするためには、**生きる目的を明確にして、自分の価値や可能性を信じることが不可欠**なのです。振り回されてしまうときは、「自分は他人からそんな風に扱われても仕方ない。だって自分は本当にダメ人間だから。自分は愛される価値がないから」と思いこんでいる場合が多いのです。

まずは、そうではないのだということを腑《ふ》に落として、正しいマインドセットを身につけていただきたいのです。この章の内容が腑に落ちて、初めて第４章の具体的な方法を使えるようになります。

すべての人が幸せになるために生まれてきた。

私は１ミリの疑いもなくそう思っています。

できるだけ不幸になるために、日々暮らしている人はいないですよね。幸せと不幸せだったら、幸せなほうがいいに決まっている。わたしたちが日々行っていることは、すべて幸せになりたいから行っている、そう言っても過言ではありません。

朝起きてコーヒーを淹《い》れるのも小さな幸せを感じたいから。仕事をするのも仕事を通して幸せを感じたいから。人と付き合うのもやっぱり幸せを感じたいから。

では、生まれつきハンディキャップがある人、毒親のもとに生まれた人、貧しく過酷な環境に生まれた人はどうなの？　と思う方もいるでしょう。それは確かに辛《つら》いことです。もっと良い環境に生まれた人と比べて、自分はハズレくじを引いてしまったと思うのもごもっともです。

私が8年間師事した稲盛和夫さんは、生きる目的は「魂を磨《みが》くこと」だとおっしゃっていました。**生まれたときの魂と死ぬときの魂を比べて、どれだけ魂が成長しているかで、その人の人生の価値が決まる**のだと。

魂を磨くことが人生の目的だとするならば、生まれつきのハンディキャップは、魂を磨くための研磨剤《けんまざい》のようなものです。この研磨剤はありとあらゆる形で私たちの前に現れます。

とても裕福な家に健康そのもので生まれ、たくさんの才能を与えられた人にとっては、一見これはアドバンテージでしかないように思えるかもしれませんが、実はその裕福であること、たくさんの才能というのが、研磨剤になるのです。

裕福だからといって、驕《おご》ったり怠けたりしないこと。才能があるからといって、もっと上へ、さらに上へ、と高みを求め続ける過程で挫折《ざせつ》し、心が折れてしまわないようにすること。親からの過剰な期待や干渉に負けないようにすること。これも魂を磨くための研磨剤なのです。実際生まれたときから環境に恵まれているように見える人の場合でも、生きる意味を見出せず、薬物に溺れたり非行に走ったりということは決して稀《まれ》ではありません。

つまり、**どんな環境に生まれたかはスタート地点でしかない**のです。そこからどう幸せに生きていくか、それが生きる目的なのです。


どうしたら幸せになれるか？　幸せと感じられるか？

それは一人ひとり異なります。

あなたは、何をしたら幸せに感じることができますか？

ああでもない、こうでもないと、いろいろ試行錯誤しながら、その答えを探していくことが生きることなのです。


私もあなたも幸せになるために生まれてきた。幸せになるために生きている。

そうだとすると、他人の評価に振り回されて一喜一憂している不幸な状態は、あなたの本来の人生の目的ではないということです。

「自分は振り回されても仕方がない」と諦めてはいけません。**すべての人が他人の評価に振り回されることなく、常に幸せに生きていいのです。**

すべての人の生きる目的は2つしかない

私はすべての人の生きる目的は2つしかないと考えています。一つは、**自分が最大限に幸せになる**こと、そしてもう一つは**他人が最大限に幸せになるお手伝いをする**ことです。

どうしたら自分が最大限に幸せになれるかは一人ひとり異なるというのは前節で述べた通りです。私だったら、こうやって文章を書いている時間は幸せマックス、最高にハッピーです。でも机に向かって文章を書くなんて考えただけで気が滅入《めい》るという人もいるでしょう。

「べき」を削《そ》ぎ落として、自分が最大限に幸せに感じることができることで時間を埋めていく。それが生きる目的だと思います。

私は書くことの他にも、講座やセミナーの内容を考えること、そして実際にそれを提供することも大好きです。旅行も好き、お料理も好き、買い物も好き、気の合う人と話すのも好きです。娘や愛犬と過ごす時間も大好きです。

昔からこんなにたくさんの時間を幸せに感じながら過ごすことができたかというと、決してそうではありません。「べき」がたくさんあったときは、それに反比例して本当に幸せに感じられる時間は少なかったと思います。

「なんでも上手にこなすべき」と思って、弱点克服にフォーカスしていた時間は決して幸せな時間ではありませんでした。「こんな風に見えるべき」と人からどう見られるかを気にしてファッションに気を配り、付き合う人を選んでいた頃もやっぱり本当に幸せではありませんでした。

「べき」を徹底的に手放した今、日々、瞬間瞬間、幸せを感じられる自分がいます。

生きる目的の2つ目は、他人が最大限に幸せになるお手伝いをすることです。

「いやいや、直子さん、私はそんな高尚《こうしょう》な目的なんて考えられません」

そう思うかもしれません。

けれども、あなたが意識しようとしまいと、あなたがしていることはなんらかの形で他人が最大限に幸せになるお手伝いになっているのです。あなたがパン作りを仕事にしているなら、あなたは最高に美味しいパンを作ることで他人が最大限に幸せになることに貢献している。医療関係の仕事なら、他人が健康になることで最大限に幸せになることのお手伝いをしています。

私の場合は、自己肯定感の高め方や、他人の評価の扱い方など、幸せに生きるヒントを書物で、そしてセミナーや講演、コーチングでお伝えすることで、他人が最大限に幸せになるお手伝いをしているのです。

あなたの場合はどうでしょうか？

あなたが最大限に幸せと思えることは何か？

どうすれば他人が最大限に幸せになるお手伝いをできるか？

その他のことは考えず、**この2点だけ考えていれば、人生は自然に好転する**と私は思います。

すべての人はありのままの自分を受け入れ愛していい

人には向き、不向き、得意、不得意、好き、嫌いがあります。それは、それでいいのです。今の状態がスタート地点で、そこから自分が行きたい方向に自分のペースで能力を伸ばしていけばいいだけです。

なんでもできる優等生になる必要は全くありません。むしろ、弱点補強に時間を使わないほうがいいのです。なぜなら、**人生の時間は有限で、苦手なことは得意な人に任せておけばいい**からです。

私は学生時代、現代国語、英語、数学、そして美術が得意科目で、あとはすべて、そう歴史も地理も、古文も、物理も化学も生物も、音楽も体育も苦手でした。特に苦手だったのが物理と体育です。体育の時間が学校からなくなればいいのにと本気で思っていました。

ちょっと想像してみてください。そんな私が膨大な時間を物理の勉強やスポーツに費やすとしたら。どんなに努力しても、物理やスポーツでは並以下にしかならないでしょう。それでは私も幸せではないし、他人の幸せに貢献することもできません。「弱点克服」に使っている時間とエネルギーは、得意な国語、英語、数学、美術の力をさらに磨いて伸ばし、自分の幸せ、ひいては他人の幸せに貢献するために使うことができないのです。

みなさんも同じです。苦手なこと、興味がないことを無理にしようとせず、得意なこと、興味があること、好きなことに時間を使いましょう。

今まで周りの人から真逆のことを言われてきたかもしれません。

「苦手なんて言ってないで挑戦したら。やったらなんでもできるよ」

などと発破《はっぱ》をかけられてきたかもしれません。

けれども、**○○ができない自分をありのまま受け入れて愛していい**のです。この章の後の節でお話ししますが、この覚悟を決めることが、実は他人の評価をどう扱うかということにもつながってきます。

まずは、**得意、不得意、できる、できない、好き、嫌いがある自分でOK！** なんだということを覚えておきましょう。

すべての人には限りない可能性がある

他人の評価に振り回されず幸せに生きる上で、次に知っておいてほしいことは、**すべての人には限りない可能性がある**ということです。前の節では「できないことがあってもいいと言っていた、それと矛盾するのでは」と思うかもしれませんね。でも、そうではありません。

確かに得意、不得意はあります。好き、嫌いはあっていいのです。

これからお話しするのは、興味はあるけれど、今はまだできないことについてです。興味がないことは放っておいてかまいません。

あなたが**好きなこと、でもまだできないことは、今諦める必要はない**ということです。あなたには無限の可能性があるのだから。

さらに言うと、あなたの中にはあなたがまだ気づいていない「得意」「才能」「能力」が無限にあって、何歳になってもそれを無限に伸ばしていけるということです。

「老犬に新しい芸は教えられない」という英語の諺《ことわざ》がありますが、これまで長い間、私たちは若いうちに学んでおかないと年を取ったら新しいことは学べないと信じてきました。けれども、脳科学が発達して、神経には可塑性《かそせい》があり、私たちは意識すれば、死ぬまでずっと新しいことを学び続けることができることがわかってきています。

学校のテストで測れるのは、私たちが持っている能力の「氷山の一角」でしかありません。周りをよく見てください。学校で成績が良かった人がみな仕事で成功しているとは必ずしも言えないですし、学校での成績は悪くても仕事で大成功している人はたくさんいるはずです。

それは、学校のテストでは測りにくい対人関係、やる気、やり抜く力などの非認知能力が大きく影響しているからです。また学習スタイルは人によって異なるので、その学校での教育の仕方が自分に合っていなかっただけということも考えられます。

あなたが今何歳であっても、あなたには無限の可能性があります。これは、なんでもできる優等生になれという意味ではありません。あなたが**得意なこと、興味があること、好**

きなことについての能力は、無限に伸ばし続けていけるという意味です。

これを知っているだけで、他人から心ない評価を受けたとき、あるいはそれは無理だと言われたときの心の持ち方が変わってくるはずです。

すべての人には輝ける場所が用意されている

周りの人はキラキラしているけれど、自分はくすんで見えることはありませんか？

誰だってそんな風に感じてしまうことはあるでしょう。

でも心配は無用です。**すべての人には必ず輝ける場所が用意されています**。自分らしく幸せに生きる道があるのです。

「こんな自分に輝ける場所が用意されているなんて信じられない」

そう感じるかもしれません。けれども自分にも用意されていることを根拠なしに信じることさえできたなら、必ず輝ける場所は見つかります。

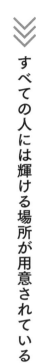

私がよく挙げる心理学の概念の一つに「**選択的注意**」というものがあります。これは、**人は自分が「これを見る」と決めたものには注意を払う性質がある**ということです。

わかりやすいのは次の実験です。おそらくみなさんもやってみたことがあると思います。

まず、

「今から1分間、この部屋を見渡して、この部屋にある赤いものを覚えてください」

と指示が出されます。そして1分後、こんな質問が出されます。

「では目を閉じてください。この部屋にどんな青いものがありましたか?」

赤いものだけを一生懸命記憶した後ですから、青いものなんて、ほとんど何も覚えていません。なぜなら「私は赤いものを見る」と脳に指令を出したからです。

この実験結果は、人生の場合にも当てはまります。

「私には何もできることがない。私はくすぶったままでいるしかない」

そう決め込んで生きていると、「何もできることがない。くすぶった状態の証拠」が、あなたのもとに山ほど集まるでしょう。

けれども、

「すべての人には輝ける場所が用意されている。私にも輝ける場所がある」

と信じて日々行動していれば、ほんの小さなチャンスも見逃さないようになります。

実際そんなチャンスに遭遇したとき、

「あっ、これが、私が輝ける場所につながる道かもしれない」

と自然に行動を取ることができるようになるのです。

「どうせ私はつまらない人生を生きる運命」

そう思って生きていれば、そんなチャンスはあなたの目に入ってこないでしょう。

そう、**人生って、わらしべ長者のようなもの**なのです。一見大したことのない小さなチャンスでも、希望を持って摑《つか》んでいく。それを続けていくと、とんでもなく大きな幸せを手に入れることができるのです。

すべての人は大切にされ、愛されるに値する

他人の評価に振り回されてしまう理由の一つは、「私は他人からそんな風にぞんざいに

扱われても仕方がない」と思ってしまうことです。

かけがえのない大切な自分のことをそんな風に思ってしまう背景には、多くの場合、子どもの頃の家庭環境があります。

親から常に否定的な言葉を投げつけられてきた。「ダメなやつ」「クズ」は序の口で、「お前なんか産むんじゃなかった」「死んでしまえ」。そんな言葉をたとえ一度でも浴びせられたら、それは強烈な毒薬として人の心を蝕《むしば》みます。これが一時的ではなく、常習化していたとしたらその影響は計り知れません。

私たちは子どもの頃、世界とはこういう場所、私とはこんな存在ということを家庭で学びます。日替わりでいろいろな家庭に住むことができたら、世界に対する考え、自分に対する考えは全く違うものになることでしょう。

親から常にひどい評価を受け虐待されて育った人は、世界は意地悪で怖くて暗くて残酷な場所、自分はちっぽけで何もできない生きるに値しない存在と学んでしまうでしょう。

そして学校でいじめに遭い、社会に出て上司にパワハラを受けたりすると、前節で書いた「選択的注意」の習性により、その証拠ばかりが目に入るようになります。

その結果、あなたは、

「やっぱりそうだ。世間は残酷な場所だ。そして自分は人からそんな風に扱われても仕方がない。だって本来自分を一番愛してくれるべき親からでさえ、あんな扱いを受けたのだから」

と思ってしまうのです。

もし、あなたがほんの少しでもそんな風に考えているなら、今ここでそれをガラリと書き換えてほしいのです。

子どもの頃、環境を変えることができなかった。過去にはそうだったかもしれません。でも大人になった今、あなたは**環境を選ぶことができる**のです。

アルベルト・アインシュタインがこんな名言を残しています。

「一番大事な選択は、この世界が敵意に満ちた場所と思うか、フレンドリーな場所と思うかだ」

毒親育ちのあなた、いじめやパワハラに遭ってきたあなたは、「この世界は敵意に満ちた場所だ」と思ってきたかもしれません。でも今この瞬間に、**「この世界はフレンドリーな優しく愛に満ちた場所だ」と選び直す**ことができるのです。

そうすると、あなたの脳は自然にその証拠集めを始めます。付き合う人も変わってくるし、職場も変わるかもしれない。時間はかかるかもしれませんが、気がつけば本当に別世界に行くことができるのです。

すべての人はその人なりに魅力的で生きる価値がある

暴言を浴びせる恋人と別れて旅に出る、シングル生活を楽しむ、仕事に没頭する、新しい人を探す……。いろいろなオプションがあるにもかかわらず、傷ついてノイローゼになってしまう、リストカットをしてしまう、あるいはその恋人に復讐《ふくしゅう》しようと暴力を振るう。そんな悲しい出来事が、今も昔も日本だけでなく世界中で起きています。

拙著『鋼《はがね》の自己肯定感』（かんき出版）の中で、私は自己肯定感を「**ありのままの自分を無条件に受け入れ愛すること**」と定義しています。自分を無条件に愛することを妨げる条件の一つとして「パートナーの有無」があります。パートナーがいてもいなくても自分の価値は1ミリも変わらないと思えること、それが自己肯定感だとお伝えしています。

パートナーが今いてもいなくても、あなたはそのままで素晴らしい。あなたにはあなたなりの魅力があって、あなたには大切に扱われ、愛される価値があるのです。

世の中には、あなたの価値をわかってくれる人とわかってくれない人がいます。あなたのことを魅力的だと思ってくれない人は、そもそも恋愛の対象外。暴言を浴びせてくる段階で、その人は恋愛の対象外です。

あなたの価値をわかってくれない人に思いを寄せ続け、なんとかわかってもらおうという努力はしないでほしいのです。

「でも一緒にいて楽しいときもあった、優しくしてくれたこともあった」

そう思うかもしれません。けれども暴言を浴びせてくる人とは速攻でサヨナラしましょう。

「でもひとりぼっちは寂しいし、惨めだ」

そう感じるのかもしれません。

今シングルの私が断言します。一人って、とても自由で楽しいですよ。全く寂しくありません。

あなたのパートナーはあなたの「魅力証明書」や「生きる価値証明書」ではないのです。**あなたの「魅力証明書」や「生きる価値証明書」はあなたが自分で発行すればいいのです。**パートナーがいてもいなくてもあなたは魅力的で素晴らしく、生きるに値するのです。

ここでお伝えしたいのは、**一人の恋人にあなたの人生の大切な指揮権を渡してしまってはいけない**ということです。恋人にフラれても、つまり恋人からネガティブに評価されたとしても、あなたの価値は全く変わらないということ。

あなたは常に大切にされ愛される価値があるのです。そのあなたの価値をわかってくれる人とだけ付き合えばいいのです。常にパートナーがいる必要はありません。

すべての人は幸せに生きる権利と義務がある

この章では幸せについて何度か触れてきました。私は、**すべての人は幸せに生きる権利がある**と思っています。

「いやいや、私は親から『お前なんか産むんじゃなかった』と聞かされて育った。そんな自分に幸せに生きる権利があるとは思えない」

「私は家がものすごく貧乏で、なおかつ何度も大病を患ってきた。私には幸せなんて縁遠い」

そう思うかもしれません。それでも、すべての人は幸せに生きる権利があると私は思います。私のコーチングの師匠のアラン・コーエンさんはコントラストという言葉を使ってこれを説明してくれています。

もしも白い画用紙に白い絵の具で絵を描いたら、せっかく描いた絵もどんな線でできているのか、どんな形なのか、わかりませんよね。でも白い画用紙に黒い絵の具で絵を描いたらどうでしょう。黒い絵の具で描いた線や形ははっきりわかるはずです。

意地悪な人がいるからこそ、優しい人に出会ったとき、優しさの価値がわかる。貧困を経験するからこそ、豊かなことの素晴らしさがわかる。病気を経験するからこそ、健康のありがたさがわかるのです。

そして私たちは**幸せになる権利だけでなく、義務も持っています**。私は、自己肯定感は伝染するとお伝えしていますが、幸せもやっぱり伝染するからです。自分だけ不幸、自分だけ幸せというわけにはいきません。

自分が不幸せであれば、意識しようとしまいと、周りに対してもネガティブな言動をしてしまいます。逆に自分が幸せであれば、やはり意識するかどうかにかかわらず、周りも幸せにする言動を取ることができます。

「私はいいから、あなただけ幸せになって」というのは成り立ちません。自分が不幸な状態で他人の真の幸せを願うことはできないからです。

周りを幸せにするためにも、**まずは自分が幸せになりましょう**。それがあなたの権利であり、義務なのです。

すべての人は自分の人生を選ぶことができる

親ガチャなんて言葉があるように、「自分はハズレだ」と思っている人もいることでしょう。

ここで2つ知ってほしいことがあります。一つは、**自分が生まれ育った環境がすべてではない**ということ。別次元の別世界があるということ。そしてもう一つは、無力な子どもの頃は自分の頭の中でしかその別世界に行けなかったとしても、**大人になった今は実際に物理的にその別次元の別世界に行ける**ということです。生まれた環境は選べない。でもこれからは、あなたは自ら環境を選ぶことができるのです。

『鋼の自己肯定感』でも触れましたが、私は自分が生まれ育った三重県の漁師町に子どもの頃からずっと違和感を抱いていました。今アメリカに住んでいる私がこう言うと、「直子さんは日本が嫌いなんですね」なんて思われるかもしれませんが、嫌いというのとは違うのです。

日本には日本なりの良さがあることは重々承知しています。東京のど真ん中でもゴミ一つ落ちていない。食べ物のレベルが高い。四季折々の美しい景色。長い歴史。浮世絵や歌舞伎、相撲、柔道、そして現代ではアニメなど世界に誇れる文化。日本の素晴らしさを挙げたらキリがありません。

ただ、私は10代の初めに気がついてしまったんです。

まず一つはフェミニズム。その時代のその街には珍しく、私の両親は共働きでした。父はサラリーマンで母はお料理の先生。2人ともフルタイム勤務なのに母だけが家事も子育てもしていたので、家では一番早く起き、最後に就寝するのも母でした。

そんな母を見て、「これおかしいよね」と気づいてしまったのです。

でも、父も、母自身も、周りの大人も、みなそのことに疑問を感じている様子はありません。インターネットもない時代、本屋さんに行ってこの「おかしさ」を感じている人は他にいないか探したところ、落合恵子さんの本に出会いました。そして、フェミニズムという考えがあることを知ったのです。男性にできて女性にできないことはない。やりたくないことをしなくていいように女性が精神的、経済的に自立することがいかに大切か、そんなことを落合さんの本から学びました。

そして中学、高校、大学と学生時代は片岡義男さんが見せてくれる世界にどっぷり浸っていました。もう手放してしまいましたが、新刊が出るたびに真っ先に買っていたので、読んだ著書は軽く50冊は超えるはずです。片岡さんが描くアメリカ、自立した強い女性。それに憧れて私もいつかバリバリ仕事ができる女性になってアメリカに行くと、三重県の片田舎で夢見ていたのです。

今はその夢が叶って、生まれ故郷とは似ても似つかないサンフランシスコ、シリコンバレーの郊外で自由に幸せに暮らしています。

人生は自分で選べるのです。「私にはお金がないから選べない」と言う人がいるかもしれません。けれども、探せばお金をかけずに実行する方法はいくらでも見つかります。

先に述べた「選択的注意」の習性を利用しましょう。「私はお金をかけずに人生を激変させる」、あるいは「私はお金の稼ぎ方をまずは学んで人生を激変させる」のどちらでもかまいません。

大事なのは、**そう決めてしまう**こと。決めたとたんにそれに関する情報がありとあらゆるところに落ちていることに気づくはずです。

すべての人は創造するために生まれてきた

他人の評価に振り回されずに幸せに生きるために、この章で最後にお伝えしたいことは、**すべての人は創造するために生まれてきた**ということです。

「創造」と聞いても今一つピンと来ないかもしれませんね。人生には2つのモードがあるのです。一つがこの「創造モード」、もう一つは「サバイバルモード」です。サバイバルモードのほうがわかりやすいので、順序は逆になりますが、こちらからお話ししましょう。

ここまで何度かくり返しお話ししたように、私たちは自分でお金を稼ぐことができず無力だった子どもの頃、生き延びる手段として、親からの評価を額面通りに受け取るしかなかった。つまりサバイバルモードだったのです。

学校に行けば先生から怒られないように、友人から嫌われないように、サバイバルの手段として他人の評価を受け入れてきました。大人になってからは会社をクビにならないように、理不尽な上司からの評価も受け入れるしかなかった。多くの人は、ずっとサバイバルモードで生きてきたのです。

サバイバルモードで生きているときは、自分より権力のある人の指示に従うしかありません。生き延びるのに必死なので、何かを生み出している場合ではないのです。

サバイバルモードは、同じものをくり返し大量に作るとき、与えられた仕事をそのままこなしていればいいだけのときには役に立ちます。とにかくミスしないように、言われた通りに同じことをくり返す。けれどもそこからは、この世界をさらに素晴らしい場所にするための真に新しいものは生まれてきません。

この対極をなすのが、創造モードです。創造というのは、iPhoneやChatGPTといった大発明、私たちの生活を根底から変えるような革新的なもの、絵や音楽、小説などの芸術作品だけを指すのではありません。大発明でも、芸術作品でなくてもいいのです。

自分が編み出した「地球温暖化を防ぐためにに日々できる小さなこと」でもいいですし、

「50代から起業するためのコツ」でもかまいません。自分が今まで経験してきたこと、そして自分が持って生まれた才能を活かし伸ばして、どんな小さなことでもいいので、何かを生み出していくという意味です。

心理療法の一つにアートセラピーというものがあります。自分の感情や考えをアートとして自由に表現することで、自己認識を高め、精神的な傷を癒やし、人生を肯定的に捉え直していく療法です。

人というのは、本来クリエイティブなものなのです。**人それぞれ無数の創造の種を内に秘めています**。恐れから逃れるサバイバルモードから、喜びを追求する創造モードに移ることで、真に自分らしく、他人に振り回されることなく生きられるようになるのです。

生き延びるためにサバイバルモードで暮らすのではなく、自分が生きたい輝かしい人生を創造していく。それが周りの幸せにもつながり、ひいては、地球全体が進化発展していくことになるのです。

第3章

デビルからメンタルを守る方法

人はエンジェル・デビル・凡人の3つのタイプに分けられる

第2章では他人の評価に振り回されずに幸せに生きるための基礎体力作り、マインドセットをしていただきました。この章では、他人の評価に振り回されずに幸せに生きるための、さらに具体的な心構えとスキルをご紹介していきます。

まず、他人の評価を正しく受け止めるには、その「他人」がどんなタイプの人なのか素早く見抜く必要があります。

人はざっくり3つのタイプに分かれます。

1つ目は**エンジェル**。あなたが何をしても何を言っても、とにかくあなたを好意的に評価してくれる、まさにエンジェルです。

その対極をなすのが、**デビル**です。デビルは、あなたが何をしても何を言っても、とにかくケチをつけ、否定的な反応しかしない人です。

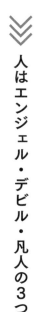

そして3つ目がその中間の**凡人**、つまり**エンジェルでもデビルでもない人**です。多くの人がこの凡人タイプで、日によって、相手によって、エンジェル側に寄ったり、デビル側に寄ったりすることもあります。

エンジェルは、常に優しいので変わってもらう必要はない人。**デビルは、変わるのを待っていたら人生が終わってしまうほど意固地な人**。そして、その中間の凡人は、あなたの出方しだいでエンジェルに寄せることができる見込みのある人です。

誰かにひどい評価を受けると、世界中が敵のように見えて落ち込むことはありませんか？ そのとき、それは、その一人の人がたまたまデビルだっただけだと捉えることができると、世界を敵に回さずにすみます。自分には生きる価値がないと思わずにすみます。

毒親育ちの人は、たまたまデビルの親が当たっただけ。世界中がデビルだらけではありません。

私自身、日本で4年、シリコンバレーで22年、ＩＴ業界で働きましたが、私が何をしても褒《ほ》めてくれ、励ましてくれるエンジェル上司に当たったこともあれば、何をしても欠点しか指摘しないデビル上司に当たったこともあります。もちろん、その中間の凡人上司もあります。幸いデビル上司はほんの一握りで、多くはエンジェルあるいは凡人でした。この世界はエンジェルばかりでもなければ、デビルばかりでもない、その中間の凡人タイプもたくさんいるのです。

仮面をかぶったデビルに騙されるな

前節では、他人の評価を正しく受け止めるために、他人がどんなタイプかを素早く見抜必要があることをお伝えしました。ここで、1つ気をつけてほしいことがあります。

それは、**デビルは必ずしも四六時中デビルの格好をしていない**ということです。デビルが常にデビルの格好をしていたらわかりやすいのですが、一見しただけでは、その人がエンジェルなのか、凡人なのか、デビルなのか、区別がつかないこともあります。

デビルの多くは自分より力がある人にはあたかもエンジェルのように笑顔で接し、力がない人、あるいは特定のターゲットを決めてデビルの顔を見せたりするのです。私が出会ったデビル上司も、漏れなくこのタイプでした。

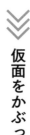

周りの人と談笑しているデビルを見て、あなたは「あの人がデビルのはずがない。自分に非があるのかもしれない。自分が少しだけ我慢すればいいのだ」と感じるかもしれません。実際、被害者が最終的に自殺してしまうような学校や会社でのいじめも、最初はちょっとしたことからという場合が多いのです。あなたを明らかに否定しておきながら「ただのいじりだよ」と笑顔を見せたりするのです。

前章でお伝えした「すべての人は大切にされ、愛されるに値する」「すべての人は幸せに生きる権利がある」ことをぜひ思い出してください。あなたの能力にかかわらず、存在レベルで他人から常に尊敬の念と愛情を持って扱われるというのが本来のあなたの姿なのです。

拙著『鋼の自己肯定感』で、私は「傷ついている人が人を傷つける」という話をしていますが、あなたのためにならないひどい評価をあなたに下してくるデビルは、表面上は幸せそうにしていても、実はなんらかの理由で傷ついているのです。

あなたを傷つけるそのデビルは、自身が親から愛されなかったのかもしれないし、過剰な期待をされたのかもしれない。家庭がうまくいっていなかったり、健康上や金銭面での不安があったりするのかもしれない。上長からのプレッシャーがすごいのかもしれない。理由はわかりませんが、その人は癒えていない自分の傷を、ターゲットに選んだあなたを酷評し、あなたに暴言を吐くことで紛らわそうとしているだけなのです。

あなたはこの仮面を被ったデビルの罠《わな》にはまってはいけません。「他の人には優しくしている」ということを、あなたがデビルからの暴言を我慢する理由にしてはいけません。我慢すれば、デビルからのネガティブな評価や暴言はエスカレートしていくだけです。

たとえ些細《ささい》なことでも、あなたが不快に思う言動は絶対に我慢しない。

「私は常に大切にされ愛されるに値する。だからそうでない行為は絶対に我慢しない」と心に誓うと、自分をないがしろにする笑顔のデビルが現れたときにも、その状況に甘んじることなく、勇気を持って行動することができます。

早い段階で助けを求める

前節でもお伝えしたように、あなたのためにならないネガティブな評価が続く場合、放っておけばエスカレートするだけなので、**早い段階で反撃する、あるいは誰かに助けを求める**ことが必要です。

私は以前、家族とサンフランシスコ市内に住んでいました。安全な地域にある素敵な家に住めればそれに越したことはなかったのですが、住宅の平均価格が全米でもトップ5に入るサンフランシスコです。予算には限りがあり、場所を選ぶか家を選ぶかしなくてはいけなかったので、私たちは家のほうを選びました。

外から家を眺めている時間よりも、家の中で過ごす時間のほうが圧倒的に長いし、大切だと考えて、必ずしも安全ではない地域の一角に建てられた新築の素敵なお家を購入したのです。私たちの家は2つの通りが交わる角に位置し、家の前にはバス停がありました。

引っ越して2日目の朝のことです。玄関のドアを開けると、真新しい壁に「この金持ちめが！」とスプレーで落書きされていたのです。そんな悪意のある人がいるのかと私が驚いていると、元夫は建築会社が残しておいてくれた予備のペンキを落書きの上に塗ってくれました。幸い、その後、このような悪戯《いたずら》をされることはありませんでした。

「割れ窓理論」を聞いたことがある人は多いかと思います。割れた窓を放置しておくと「誰も取り締まらないから割ってもいいんだ」と思う人が増え、さらに窓を割ったり、壁に落書きしたりなど様々な犯罪が増え、どんどんエスカレートしていく。逆に、割られた窓をすぐに新しいものに取り替えるなど小さな犯罪でもすぐに対処をすると、犯罪を減らすことにつながるという理論です。

サンフランシスコの街中には実際、スプレーで落書きされている壁が続いている地域があります。もし元夫が落書きをペンキで消さなかったら、「この家の人は落書きを気にしないんだ」と思われ、もっとひどい事態に発展していたかもしれません。

あなたの会社にも、複数の人からいじめ、パワハラ、モラハラを受けている人がいませんか？　それはまさに「割れ窓理論」です。デビル上司からひどい言葉を浴びせられても言い返すこともしないその人を見て、周りの人はこの人はぞんざいに扱っても大丈夫だと、自身の不満のはけ口としてその人を使い始めるのです。その人に暴言を吐いているのは自分だけじゃないという気楽さもあるのでしょう。

あなたがそうならないためにも、**ほんの小さな暴言でも見逃さず、自分で反撃するか、あるいは、信頼できる人に相談するなどして、早い段階で助けを求める勇気を持ちましょう**。

すべての人が尊敬の念を持って扱われるに値するのです。

逃げる勇気を持つ

とても優秀なクライアントさんから上司からのいじめについて相談を受けたことがあります。

彼女は医療業界の中間管理職で部下を数名抱えていました。秘密保持のため詳細はお話しできませんが、上司からの常習的な暴言、低い評価に悩んでいたのです。彼女はその暴言が理不尽で、評価も不当であることは理解していました。上司と話し合うことも含め、すでに彼女自身行動を起こしていたのですが、一向に上司との関係が改善される兆しがありません。彼女は朝起き上がれないほど弱っていました。

大きな会社だったので、私は、人事に事情を説明し異動の希望を出すことを勧めました。この提案に彼女は最初驚いていました。「逃げることは悪いこと、弱いこと。自分はこの部署でなんとしても頑張らねばならない」と思っていたのです。

「逃げることは悪いことでも、弱いことでもありません。むしろ勇気がいる強い行動なのです」

こうお伝えしたところ、早速人事に状況を話して彼女は別の部署に異動することになりました。その新しい部署では人間関係の問題もなく、彼女の実力を存分に発揮することができ、彼女には充実した幸せな日々が戻ってきました。そして何より、**逃げるのは勇気がいる強いこと**だと理解できたこと、この先、万が一またデビル上司が当たったとしても逃げるという立派なオプションがあることを知ったことが、彼女の自信につながったようです。

人生100年時代とはいえ、私たちの命は有限です。劣悪な環境に決して耐え忍んでいてはいけません。毒親やデビル上司がエンジェルに変わってくれるのを待っていたら、人生は終わってしまいます。前節に書いたように、まずは言い返すなどの反撃をして相手を黙らせる。一人では収拾がつかないようであれば誰かに早い段階で相談する。それでも収まらなければ、さっさと逃げればいいのです。

あなたの大切な人生の時間をムダにしないように、不当な評価をされ続けるような劣悪な環境からは一目散に逃げる。それは悪いことでも弱いことでも卑怯なことでもなく、素晴らしい勇気のある行動なのです。

部署が替われればプロジェクトを途中で投げ出すことになるかもしれません。望ましくない噂が広がるかもしれません。けれども、そんなことより、**あなたの時間、あなたのメンタルの状態のほうが何倍も大切**です。罪悪感を抱くことなど一切不要です。

精神的自立と経済的自立を最優先に考える

「我慢は絶対するな」「逃げることは勇気」と前の節で書きましたが、暴言を吐くパートナーや家族、あるいは会社のパワハラ上司との関係を断つことができない大きな理由の一つは、**相手に精神的に、あるいは経済的に依存している**ことです。

第1章で、子どもだった私たちは自分でお金を稼ぐことができないので、親や先生からの評価を鵜呑みにするしかなかったと書きました。大人になった今、私たちが「生まれてきてよかった。本当に幸せ」と思える人生を歩むために、最優先すべきは精神的に、そして経済的に自立することです。

一人で生きる力、自分でなんとしてでもお金を稼ぐ力を手に入れることができれば、不当な評価が続く環境をさっさと離れて自分をもっとよく評価してくれる場所に身を置くことができます。

家族がいないと生きていけない、会社を辞めると生きていけない、と思うから我慢を続けてしまうのです。

あなたが勇気を持って家族や会社を去ろうとすると、

「恩を仇《あだ》で返すのか。我々を見捨てるのか」

などといったあなたの罪悪感を煽るような言葉を浴びせてくる人もいるでしょう。

けれども、その手に乗ってはいけません。あなたはいつ何時も尊敬の念を持って大切に扱われるに値するのです。それができない家族や会社を去ることは悪いことでもなんでもありません。

あなたはもう子どもではないのです。自分で環境を選べるのです。精神的、そして経済的に自立することを最優先しましょう。

自分で自分を幸せにする術を知る

『鋼の自己肯定感』の中で、私は自己肯定感を「ありのままの自分を無条件に受け入れ愛すること」と定義した上で、自分を無条件に受け入れ愛することを妨げている「条件」として「パートナーの有無」や「友人の数」そして「家族」を挙げています。

今パートナーがいてもいなくても、友人の数が多くても少なくても、たとえ毒親育ちでも、これらに一切関係なく、自分は素晴らしい人間で自分のことを大好きだと思えること、それが私の定義する自己肯定感が高い状態です。

自分で自分を幸せにする術《すべ》を身につければ、一人だと寂しいから、一人だとカッコ悪いからという理由で、自分を不当に評価してくる本当は好きではない人と無理して一緒にいる必要が一切なくなります。

恋愛マンガやドラマの影響で、常にパートナーがいないといけない、パートナーがいない人は負け犬だと思いこんでいるかもしれません。けれども実際には、理想の人が常に周りにいるとは限りません。そんな人が現れるまで、「おひとりさまで結構。おひとりさまは自由で楽しい」と思うことができれば、妥協して誰かと付き合う必要もありません。

友人や親、親戚もしかりです。友人や家族と楽しそうにしている写真がＳＮＳに投稿されると、自分もそうしなくてはいけないような強迫観念に駆られるかもしれません。

けれども自分一人の時間を楽しめるようになれば、無理をする必要がなくなります。

誰にも気を使わず、素《す》のままの自分で、人生を楽しむ時間。美味しい紅茶やコーヒーをお気に入りの音楽を聴きながら楽しむ時間。そんな人生の余白が、幸せにつながります。

一人の時間が大切であること、そして、その一人の時間をどんな風に過ごしたら自分は幸せに感じられるのかを知ること。それは決してお金がかかることである必要はありません。

ゆっくり湯船に浸かる。公園を散歩する。カフェに行く。お花をテーブルに飾る。好きな本を読み耽《ふけ》る。大してお金をかけなくても一人で楽しめることは意外にたくさんあるものです。

私は紅茶が好きなので、キッチンに紅茶専用の〝秘密の引き出し〟があります。世界中の素敵な紅茶が何十種類も潜《ひそ》んでいるのです。その引き出しを開けるだけで、私は幸せな気分になれます。

一緒にいて本当に心地よい人とだけ付き合えばいい。だって、おひとりさまはとても楽しいのだから。そう思えるようになれば、不当な評価を下してくる人たちと焦《あせ》って付き合う必要がなくなります。

〝逃走資金〟を確保する

ありがたいことに、私は中学生の頃に落合恵子さんの本に出会い、精神的、経済的に自立することの大切さを早くから理解していました。特に感銘を受けたのが、「**お金があればイヤな仕事を我慢してやらずにすむ**」という言葉です。

おかげで10代の初めに、精神的に、そして経済的に自立することを私の一番の目標に掲《かか》げることができました。そのため、玉《たま》の輿《こし》に乗ろうとか、男性に食べさせてもらおうと思ったことは今まで一度もありません。アシスタント的な仕事はせず、常に男性と対等なポジションの仕事だけを選んできました。

大学院を修了して就職し、自分のお給料で食べていくことができるようになったとき、それはそれは嬉しかったことを覚えています。最初に勤めた日本NCRでの仕事はそれなりに楽しかったのですが、将来イヤな仕事を我慢してやらずにすむように、早速銀行に行って、新卒の少ないお給料の中から一定額を毎月定期預金に自動的に回すようにしてもらいました。ボーナスも相当の額を同じ設定にしました。20代の私は、できる限り自炊して、とにかく軍資金を貯めることに専念していたのです。

愛情深い素晴らしい家族のもとで育ち、自分を大切にしてくれる申し分のない企業に就職し、最愛のパートナーもいる。そんな理想の人生が最初から手に入る人は、ほんの一握りでしょう。どこかがうまくいかない、どこかが理想とかけ離れている。そんなときに、我慢せずにさっさとその場から逃げ去るには軍資金が必要です。

軍資金がある程度あれば、毒親からは離れて暮らし、不当な評価をする上司とも会社を辞めなくてはいけない状況に陥ることを恐れずにやり合うことができます。

他人の評価に振り回されない人生を送るためにも、軍資金を貯めておくことを最優先しましょう。

「でも、そもそも私は今ブラック企業に勤めていて、長時間労働である上にお給料も低く、軍資金なんて貯まりません」

そんな声が聞こえてきそうです。そんな場合は、まずはブラック企業を辞めて、労働時間が短い会社に移りましょう。その上で空いた時間を使って次の手を考えるのです。

インターネット、そしてSNSが発達し、今は空前の起業ブーム、副業ブームです。お金をかけずに小さく始めて少しずつ大きくしていけるビジネスはたくさんあります。その方法もネットで無料で手に入れることもできます。起業、副業がテーマの本も山ほど出版されています。

ここでも第2章でお伝えした「選択的注意」の習性を利用しましょう。まずは、**他人の評価に振り回されない人生を送るために、軍資金が必須である**ことを腑に落としてください。その上で「軍資金がほぼゼロの状態でも、軍資金を作っていく方法は必ずある」と心に決めるのです。そう決めたとたん、ネットや本、あるいは周りの人から、それを実現するための情報がどんどん入ってくるはずです。

「一人の意見＝すべての人の意見」ではない

他人の評価に振り回されずに幸せに生きるための心得として知ってほしいことの一つに、「一人の意見がすべての人の意見だと思うな」ということがあります。私自身の例でお話ししましょう。

私自身、昔からこのように思っていたわけではありません。誰か一人に何か言われたとき、他の人もみんなそう思っているのではと考え、今思えばムダに落ち込んでいた頃がありました。

日本ＮＣＲで私は本業のプロダクトマネジャーの仕事とは別に、社内報の編集を自ら望んで担当していました。その社内報に私自身何度か寄稿したのですが、あるとき、男性も労働時間を減らし、家事や子育てに時間を使うことで「過労死」を防げるといった内容のエッセイを書きました。すると、社内報を取りまとめていたＡさんに「『過労死』という言葉は過激だから使わないでほしい」と言われ、大変落ち込んでしまったのです。

今の私なら「Aさんはそう思うのね」と考え、軽く受け流すことができます。けれども20代の私は、Aさんの意見が社内のすべての人の意見のように思えてしまったのです。

私はもともと、自分の意見をしっかり持っている子どもでした。日本脱出を夢見ていたのは、はっきり意見を言うと先生に怒られる、友人からも変な目で見られることがわかっていたからでした。アメリカに渡って、予想通り、自分の意見をはっきり言ってもかまわない、それどころか、はっきり言うことが奨励されることがわかり、本当に嬉しかったものです。

そんな私だったので、「過労死」という言葉を自由に使わせてもらえないことがとても辛かったのです。


第1章で、相手はいろいろなズルい手を使ってあなたがネガティブな評価に同意するように仕向けてくるというお話をしましたが、その一つが「みんなもそう言っている」というものでした。

一人の人にネガティブな評価を下されて、それをあたかもすべての人が同じようにネガティブに考えていると思いこんでしまうのは、このズルい手を自分で自分に対して使っているようなものです。

「Aさんからエッセイの内容についてネガティブな評価をされた。だから社内のみんなも同じようにネガティブに評価をするに違いない」

これが論理的に全く成り立たないことはわかりますよね。けれども往々にして多くの人が陥ってしまいがちな罠なのです。

すべての人から好意的に評価されることはない

あるとき、家の片づけをしていたら、小学校4年生が終わった春休みに書いた日記帳が見つかりました。

「5年生の目標：みんなに好かれる明るい良い子になろう」

これを見て、道理でその後生きづらいと感じるようになったはずだと納得してしまいました。小学生の頃の私は、この目標通り、友人も多く、学級委員なども務めるなど、とても明るい子どもでした。

けれども、中学、高校と学年が上がるにつれ、「フェミニズム」や「生きる意味」「幸せとは」などについて考えるようになると、玉の輿に乗りたいと言っている同性の友人とは徐々に意見が合わなくなっていったのです。

女性の経済的、精神的自立の大切さに目覚め、そして、東大受験に三度失敗して人生を諦めた父を見ていた10代の私は、「人はどうしたら持って生まれた才能を活かして幸せになれるのか」について深く考えるようになりました。もはや「みんなに好かれる明るい良い子」でいることが難しくなっていたのです。

あれから何十年もの時が過ぎ、私は今、もう何年もずっと人生が楽しくて楽しくて仕方ありません。**すべての人から好意的に評価されることはない**と悟ったからです。「みんなに好かれる明るい良い子」を完全に手放すことができたからです。

すべての人から好意的に評価されることを目標にしてしまうと、たった一人の人からのネガティブ評価にも苦しんでしまうことになります。常に減点法で自分を見てしまうことになるからです。

どんなに高評価を受けている人でも必ずアンチがいる。すべての人から好意的に評価される人なんていないし、それを目指す必要は全くない。それに気がつくことで、他人の評価に振り回されずに幸せに生きていくことができるのです。

最終決断は自分でする

暗記中心の勉強をしていると、往々にして人の意見、特にエラい人の意見を鵜呑みにする癖がついてしまいます。かくいう私も子どもの頃は、本に書いてあることはすべて正しいと思いこんでいました。本を書くぐらい立派な人なのだから、そこに書いてあることは全部正しいに違いない、そんな人の意見に私如きが反論するなんてあり得ないと思っていたのです。

日本の受験勉強は時間との戦いです。教科書の内容や先生の言うことを、これは本当だろうか、これは間違っているのではないか、と一つひとつ吟味していたら、時間がいくらあっても足りません。近年は入試の内容も変わってきているようですが、私の学生時代は、教科書に書いてあることを丸暗記して、きちんと覚えているかどうかを確かめる試験で良い点を取る、それが受験に勝つということだったのです。

アメリカに来て、教科書を丸暗記するなんてナンセンス、それよりも、教科書に書いてあることに対して自分はどう思うのか、賛成なのか反対なのか、それはどうしてか、など、教科書の内容を鵜呑みにせず、自分の頭で考え判断することが奨励されているのを知り、とても嬉しかったことを覚えています。

私が10代のとき、そして大学生のときに感じていた生きづらさの原因がはっきりわかり、解放された瞬間でした。いわゆるエラい人の考えが正しいとは限らない、自分の考えを大切にしていいのだとわかり、それまで感じたことがない解放感を味わいました。

あなたの人生はあなたのもの。あなたらしく幸せに人生を謳歌したいなら、人の意見を参考にはしても、最終的には自分で決めていい。いや、**自分で決めなければならない**のです。

Aさんの意見はBさんの意見と必ずしも同じではないのです。つまり、親はこう言った、けれども別の人に聞いてみれば全く別の答えが返ってくる。今の上司はこう言っている、けれども、昔の上司ならこうは言わないだろう。

他人の評価に振り回されずに幸せに生きるには、**あなた自身の中に判断軸を持つことが非常に重要**です。詳しい方法は次の章に委ねますが、ここでは**人の意見はあくまで参考、最終決断は常にあなたがする**と心得ましょう。

「同調＝尊敬」ではない

多くの人が混同してしまいがちですが、相手の意見に同意することと、相手を尊敬することは、全く別であるということです。言い換えると、**意見に反対することは相手をディスることとは明確に異なる**ということです。

この区別がはっきりできていないと、エラい人の評価は鵜呑みにするしかないと思ってしまいます。

先生がある主張をしたとしましょう。でも自分はその主張は違うと思った。人を尊敬することイコールその人の意見に同意することだと考えていると、先生は尊敬しなければならないから、先生の意見には賛成するしかないということになってしまいます。

けれども尊敬することと同調することは明確に異なることをお互いが理解できていれば、先生には尊敬の意を抱きつつ、先生に反対意見を述べることができます。これがお互いのためになる理想の姿です。先生も完璧ではないし、生徒から学ぶこともある。生徒も、先生のほうが経験や知識は多くても、自分の意見を持ってよい。

アメリカの大学院で学んで一番嬉しかったのはこの点です。先生と意見が異なるとき、それを先生の気分を害することなく、素直に発言できる環境でした。

この点を、力を持っている側も持っていない側も理解することが、他人の評価に振り回されずに幸せに生きるためには、とても重要になります。

エラい人の評価を額面通りに受け取らなくても、罪悪感を抱く必要は一切ないのです。また逆に、あなたがもし、地位や権力を持っている人である場合、部下や生徒、子どもがあなたの評価に同意しなくても、あなたはバカにされたと思う必要は一切ありません。

今、職場で心理的安全性の大切さが叫ばれている背景には、まさにこのことがあります。上下関係、立場にかかわらず、自分の意見を言える、反対意見を堂々と述べて、相手の反感を買うことはない。同調することと尊敬することは明確に異なるのです。これを真に理解することは、あなたがムダに他人の評価に振り回されなくなることにつながっていきます。

内発的動機による行動は最強

ここまで他人の評価に振り回されずに幸せに生きるためには、自分の中に軸を持つことが必要であることを何度かお伝えしてきました。その最たるものが内発的動機に基づいた行動です。

内発的動機というのは、自分の内側から湧き上がってくる「これをやりたい」「楽しいからこれをやる」という動機のことです。この逆である外発的動機というのは、「これをやって人から褒められたい」「有名になって人に認められたい」「これをやらないと人から怒られる」「お金持ちになって称賛を浴びたい」など、自分の外側の反応に基づく動機です。

内発的動機による行動は、誰かから褒めてもらいたいから、認めてもらいたいから、あるいは怒られるのがイヤだからやるのではなく、そもそも自分が楽しくてやりたくて取っている行動なので、人からの評価も気になりません。内発的動機に基づいて取った行動を他人からポジティブに評価されれば、それは嬉しいことですが、たとえ誰からも評価されなくても、あるいはネガティブな評価を受けても、それに影響を受けて行動が止まってしまうということはないのです。

内発的動機は、楽しいから誰に命令されなくても取る行動なので、自然に何度もくり返すことになります。結果として、気がつけばその道のプロになっていることも多いでしょう。

私はシリコンバレーでこのようなタイプの人にたくさん出会いました。「プログラミングのスキルを身につけておけば食いっぱぐれがないだろう」といった外発的動機ではなく、「プログラミングをすることそのものが楽しくて仕方がない」「新しい技術を学び、それを使ってさらに新しい技術や製品を作ることを考えるとワクワクが止まらない」という人たちと一緒に仕事をする機会がたくさんあったのです。

内発的動機で仕事をしている人たちと一緒に仕事をするのは、とても楽しい時間でした。このタイプの人たちは、「プログラミングの技術を身につけて出世してやろう」「もっとお金を稼いでやろう」というのが一番の動機ではなく、新しい技術を身につけ、それを使って新しい物を創造すること自体に喜びを感じていました。だから職場でも、上司に媚《こ》びて出世しようとするという、いわゆるオフィスポリティックスが少なかったのです。

彼ら彼女らの興味は、「こちらのやり方のほうが効率がいい。ここにこういう技術を使うともっと効果的かもしれない」といった純粋に高みを求めるもので、一緒に仕事をしていても、そのポジティブなエネルギーが伝わってきました。

自分で自分を評価する

インターネットが発達したおかげで、良くも悪くも私たちは他人の評価を簡単に見ることができるようになりました。今度初めて行くレストランのレビュー、どれを買おうか迷っている製品のレビュー、ホテルのレビュー、映画のレビュー、本のレビュー、そしてSNSでのコメント。友人に電話をかけて聞かなくても、一瞬で数多くのレビューをパソコンやスマホの画面上で見ることができます。

私は本を出版してから、他人から評価される側になりました。たとえば私の本のアマゾンのレビューを見ると、同じ本なのに5の評価をしてくださる人もいれば1の評価をしてくださる人もいます。「他の類書にはない新しい視点がたくさんあった」と言ってくださる方もいれば、「他の類書と変わらない」と言われる方もいらっしゃいます。

他のベストセラー本も同じです。同じ内容であるにもかかわらず、ある人は最高だと言い、ある人は最低だと評価する。つまり、他人の評価は様々ということです。

これは、私たち評価される側がコントロールできることではありません。

そこで大事になるのが、「**自分で自分を評価する**」ということです。

自分はそれをどんな動機でやったのか?

楽しみながら内発的動機でやったことか?
誰かのためにもなると思ってやったことか?
ベストを尽くしたか?
心を込めたか?

これらの問いに対する答えがすべてイエスであれば、自分で「最高の仕事をしたね」と自分を評価することができます。自分の中で「最高の仕事をした」という自負さえあれば、他人から高評価してもらえればもちろん嬉しいけれど、低評価する人がいても、それはそれで仕方がないと割り切れるのです。

では、自分で自分を評価してみた結果、「本当はやりたくないことを外発的動機でやってしまった」「他人のためなんて一切考えていなかった」「ベストなんて尽くさなかった」「もちろん心も込めていない」ということに気づいてしまったらどうすればいいのでしょう?

その場合も自分を責める必要はありません。ここでは次の2つのことに気づけばいいのです。

まず、1つ目は、**このような心の状態でやったことなので、この場合は他人の評価も低くても仕方がない**ということ、**他人の評価が低いことに悩んでいる場合ではない**ということです。その一歩手前に戻る必要があります。

この一歩手前というのが、2つ目に気づいてほしいことです。やりたくないことを外発的動機でやってしまったのには理由があるはずです。**その理由を自分で探ってほしい**のです。

第5章でさらに詳しくお話ししますが、あなたの人生はあなたのもの。もう親の言うことも先生の言うことも聞く必要はありません。働く場所を選べるあなたは理不尽な上司の言うことも聞く必要はない。つまり、本当はやりたくないけど誰かに怒られるのはイヤだからという外発的動機でやる必要はないのです。

ここではまず、**大人になったあなたは自分で自分を評価していい、自分が誇れる行動をすればそれでいい**ということを理解してください。

自分は常に自分の最大の味方

他人の評価に振り回されずに幸せに生きるための心得として、最後にお伝えしたいのは、**世界中が敵に見えても、自分は常に自分の最大の味方であれ**ということです。

他人からとてもひどい評価を受けたとしても、自分はいつも自分の味方、最強の砦《とりで》であってほしいのです。

第1章では、他人の評価に自分も同意してしまうパターンについて書きましたが、他人からの不当な評価にあなたは決して同意してはいけません。

私の愛読書の一つであるヘレン・シャックマンの『奇跡のコース』にこんな一節があります。

「Nothing outside of you can hurt you, or disturb your peace or upset you in any way.」

あなたの外側にあるどんなものでもあなたを傷つけたり、あなたの心を乱したり、動揺させたりすることはできないという意味です。あなたの外側にあるものには不測の事態や他人からのネガティブ評価も含まれます。

つまり何が起こっても、たとえ他人からどんなにひどい評価を受けても、あなたがそれに同意さえしなければ、あなたは傷つくことはないし、心をかき乱されたりすることもないということです。

『鋼の自己肯定感』の中で、**自己肯定感とは自分を世界一の親友にすること**とお伝えしています。みなさんは、自分を世界一の親友にする覚悟はできていますか？

この覚悟さえできていれば、他人の評価も怖くありません。

第4章

「無双のメンタル」を作る3つのステップ

シンプルな3つのステップ

さて、いよいよこの章では、他人の評価に振り回されない自分になるための世界一シンプルな方法を詳しくご紹介します。ステップは次の3つだけ。極めてシンプルです。

ステップ1：自分の心はどこにあったのかを知る
ステップ2：相手の心はどこにあったのかを見極める
ステップ3：自分はどうすればいいのかを考える

この3つのステップを踏むために使うのは、あなたの心と頭だけ。誰でもできます。誰でもできるけれど、多くの人がやっていないのが実情ではないでしょうか。

日本の家庭や学校、会社では、「なぜ?」と聞くことは今でも奨励されていません。

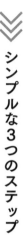

「静かにしなさい！」

「なぜ？」

「生意気な口きかないで、とにかく静かに！」

こんな会話は日常茶飯事《さはんじ》でしょう。


余談になりますが、私は1年間、毎週土曜日に開催されるサンフランシスコの日本語補習校で5年生の担任をしていたことがありました。そこで私たち教師は、生徒に休み時間は一人残らず必ず教室の外に出るようにと指導しなくてはいけませんでした。

「たまには席で本を読んで過ごしたい、と思うときがあってもいい」。そう考えた私は、生徒に納得がいく理由を伝えようと、職員会議のときにこんな発言をしました。

「このルールにはどんな理由があるのでしょうか？　生徒にきちんと理由を伝えたいんです」

すると、

「理由なんかどうでもいい！」

と先輩の先生に大声で一蹴《いっしゅう》されてしまったのです。結局、誰からも理由を説明してもらえませんでした。

「なぜ？」と聞くことを奨励されずに育ってしまうと、私たちはいつの間にか自分の心と頭にフタをしてしまうようになります。

「これ、おかしい。納得がいかない。私はイヤだ」。そう感じても、それを声にするたびに無視されたり、黙れと言われたりし続けると、「どうせ私の心の違和感なんて誰もわかろうとしてくれない。感じたって、考えたってムダだ」と自分の気持ちに目を瞑《つむ》り、自分の頭で考えることをやめてしまうようになってしまいます。

これほど多くの人が他人の評価に振り回されてしまうのは、**自分の心に聞いてみる**、**自分の頭で考える**という極めてシンプルな作業をしていないからです。だから、他人の評価を１００％鵜呑みにする、あるいは、逆に１００％反対したり、スルーしたりするという極端な方法しか思いつかないのです。

第１章でお伝えしたように、他人の評価はうまく使えば自分を成長発展させてくれます。１００％鵜呑みでも、反対でも、スルーでもなく、良い部分だけを選択して自分の成長発展につなげ、悪い部分はスルーするという方法を身につけたほうがトクですよね。

これから、他人の評価に振り回されないあなたになるために、これまでフタをしてきた「あなたの心」そして「あなたの頭」にアクセスし、フル活用する方法をお伝えしていきます。

正しい心の位置と正しい行動

ステップ1からステップ3まで具体的な方法をお話しする前に、「正しい心の位置」「正しい行動」についてお話ししましょう。

ステップ1では自分の心がどこにあるのか確認しますが、自分の心が正しい位置にあるというのは、簡単に言うと、**自分の心が「愛」の位置にある状態**です。これまでの章でお伝えしてきた通り、あなたがどんな環境で育ったとしても、あなたは幸せになるために生まれてきた。あなたはすべての人から尊敬され、大切にされるに値する。そしてあなたはあなたの無限の可能性を追求していいのです。そんな素晴らしいあなたのため、つまり自分に対する「愛」の気持ちが正しい心の位置です。

では、心の位置が正しい場所にないというのは、どんなときでしょうか？　それは**あなたの心が「恐れ」の位置にあるとき**です。

「これをしないと私はバカにされる」

「これをやらないと私は生きていけない」

「これをしないと嫌われる」

「これをして誰かを見返したい」

「こんな私はこれくらいで我慢しないといけない」

「こんな私には無理」

これらすべては、あなたの心が「恐れ」の位置にある状態です。第2章の最後で2つのモードのお話をしましたが、**「サバイバルモード」というのは心が「恐れ」の位置にあるとき**、そして**「創造モード」は心が「愛」の位置にあるとき**です。

次にステップ2で確認する、相手の心が正しい位置にあるというのは、相手があなたの無限の可能性を信じ、あなたを人として尊敬して、大切に扱う気持ちがある、つまり**あなたへの「愛」の気持ちがベースにある**場合です。

逆に相手の心が正しい位置にないというのは、あなたへの「愛」がベースではなく、自分の保身、自分自身の不安や不満、あなたへの嫉妬や八つ当たり、あなたの能力や人格に対する疑いなどが根底にある「恐れ」がベースの場合です。

では、あからさまないじめや嫌味、暴言ではなく、あなたが失敗してがっかりしないように、あなたが傷つかないように、あなたに「無理だよ。やめておいたほうがいい」などと助言してくれる場合は、相手の心は「愛」なのでしょうか、それとも「恐れ」なのでしょうか？

わかりにくいですが、これは**「愛」のようで「愛」でない、「恐れ」**に入ります。

あなたの無限の可能性を信じ切れないから、あなたが失敗することが心配になる。あなたが仮に失敗したとしてもあなたは自分で立ち上がれると信頼できないから、転ばぬ先の杖《つえ》を出したくなる。それは優しさのように見えますが、そのような助言に従っていると、あなたは夢を諦めるようになり、あなたの成長は止まってしまいます。

あなたの無限の可能性を信じ切る。あなたが自分で立ち上がる力、つまりあなたのレジリエンスを信じ切る。それが真の愛です。

最後にステップ3では「自分はどうすればいいのか」を考えますが、その判断基準となるのが、私が長年師として仰いだ稲盛和夫さんが経営指針にしていた「敬天愛人《けいてんあいじん》」という言葉です。「天を敬い、人を愛する」ということですが、そこには「判断するときは、天に恥じない判断をせよ。人は愛しても人には安易に迎合するな」という意味も含まれています。

自分はどうすればいいのか? その簡単な答えは、**誰が見ていなくてもお天道様《てんとうさま》がいつもあなたを見ているとしたら、どんな行動をするか?** これを基準に考えればいいのです。その際に人からどう思われるか、人にどう言われるかを優先させてしまうと判断を誤ります。また誰も見ていないからいいやと思うと、やはり間違った判断を下すことになるでしょう。

自分の心の位置、相手の心の位置を把握《はあく》した後は、天に恥じない行動をしていけばいいだけなのです。

他人の評価に振り回されない自分になるための3ステップ

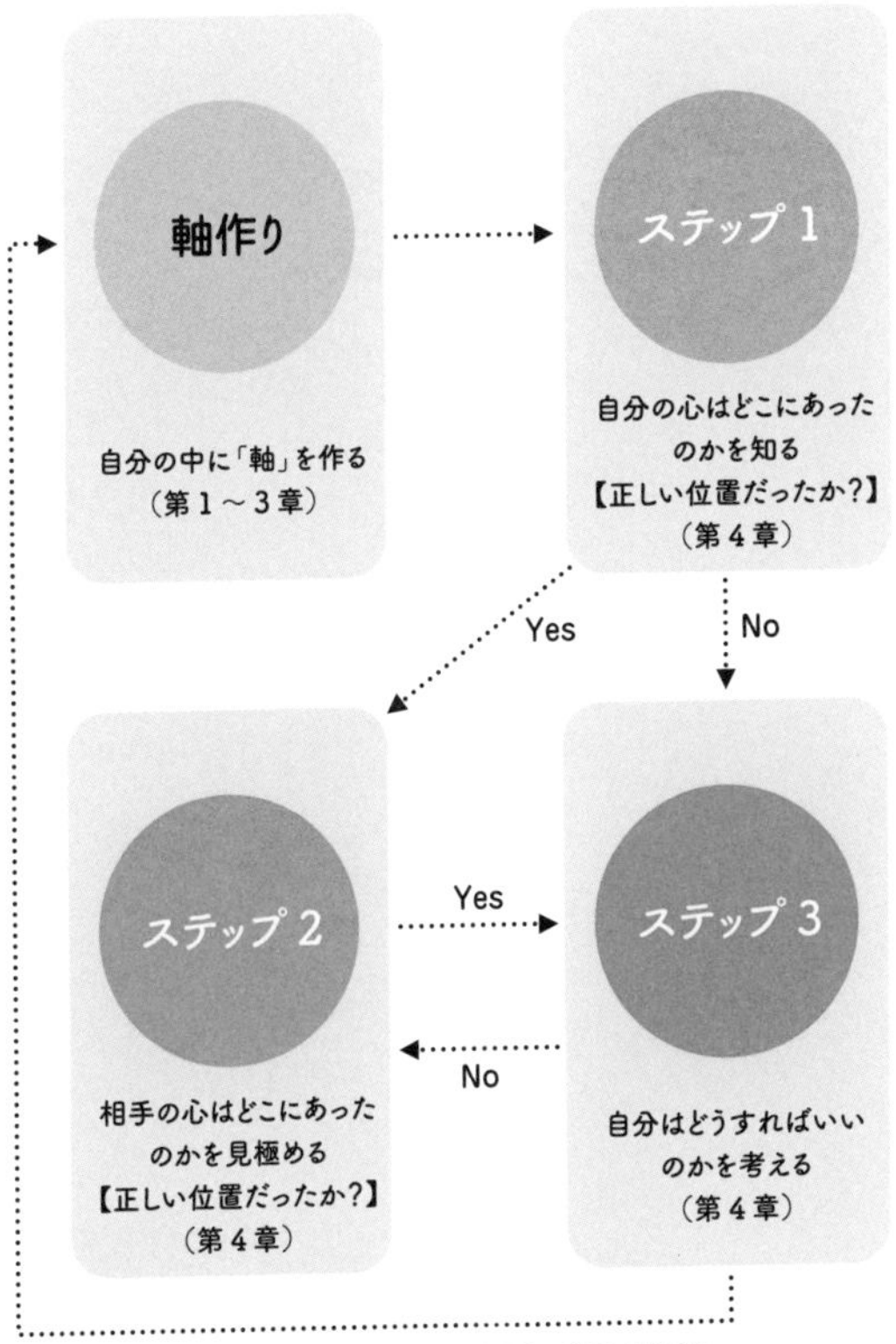
軸作り
自分の中に「軸」を作る
（第1～3章）
ステップ1
自分の心はどこにあったのかを知る
【正しい位置だったか?】
（第4章）
Yes
No
ステップ2
相手の心はどこにあったのかを見極める
【正しい位置だったか?】
（第4章）
Yes
No
ステップ3
自分はどうすればいいのかを考える
（第4章）

軸を強固にしていくことで自分の心と頭に素早く的確にアクセスできるようになり、ステップ1から3までスムーズに踏めるようになる

ステップ1：自分の心はどこにあったのかを知る

ここからは、例を挙げて、ステップ1から3までを詳しくお話ししていきます。

まず、他人の評価に振り回されない自分になるために踏む最初のステップは、**自分の心がどこにあったのかを知る**ことです。自分の心が正しい位置にあったかどうかを確認するのです。

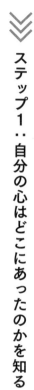

これは実はコーチングでも用いる、「意図（intention）」を確認する作業でもあります。他人からひどい評価を受ける場合も含めて物事がうまくいかない場合、そもそもあなたの意図が正しいところに向けられていなかったという場合もあるからです。

たとえばあなたはエンジニアだけれど、もう3回も会社をクビになった。就職した先々の会社で上司から散々な評価を受けた。そんなとき、実はあなたはそもそもエンジニアの仕事はやりたくないと思っていたのかもしれません。お金が儲かりそうだしカッコよさそうだからと思って選んだけれど、本当はファッションの道に進みたかった。そうであれば、上司からの評価は悩むポイントではなく、自分の心を正しい位置に戻す作業が必要になります。

自分の心が正しい位置にあった場合だけ、相手の心がどこにあったのかを探ってみる意味があります。自分の心が正しい位置になかったことがわかった場合は、ステップ2は省略してかまいません。ステップ3に進んで、自分の心を正しい位置に置くために次からはどうすればいいかを考えます。

自分の心が正しい位置にあったかどうかを見極めるには、自分に次の問いかけをしてみてください。

・やりたくないことをイヤイヤやったのではなく、自らやりたくて率先してやったことか？

・できそうにないことを無理やりやったのではなく、できるという見通しがあった上でやったことか？

・楽しみながらやったことか？

・心を込めてやったことか？

・できる限りのことをしたか？

これらの問いにすべてイエスと答えることができれば、あなたの心は正しい位置にあったことになります。

次に2つの例を使って具体的にご説明しましょう。

あなたが作ったお料理を食べた義理のお母さんが、「あまり美味しくない」と言ったとします。このとき、その「あまり美味しくない」という評価について考える前に、あなたはそのお料理を楽しみながら心を込めて作ったかどうか、つまり自分の心が正しい位置にあったかどうかを確認する必要があります。

義理のお母さんが夕食どきに急に電話をしてきて「今からそっちに行くから」と押しかけてきた。今日はとても疲れているし、部屋も散らかっている。断りたかったけれど、冷たいと思われると面倒なので断れなかった。

「お母さんは気が利かない。こんな夕食どきに急に来るなんて」と思いながら、急いで部屋を片づけ、有り合わせの食材で食事を作る。そんな不満タラタラの心境でお料理をしても楽しくないし、心も込めることはできないでしょう。慌てていたので、調味料も入れ間違えてしまい、味がイマイチなのは自分でもわかっていました。

これが、ステップ1の「自分の心が正しい位置になかった」場合です。

この場合は、義理のお母さんの「あまり美味しくない」という評価を気にしていても仕方がありません。ステップ3に進んで、今回のようなことが再びあったときはどうすればいいかを考えます。

急だし、疲れているし、夕食どきだから「今日ではなくて別の日に」と断る。近所で外食、あるいはウーバーイーツで料理を届けてもらう。それで嫌われたなら、そんな人とは距離を置けばいい。いずれにしても、あなたが慌てて作る必要はないのです。

けれども、実際はそうできなかった。そのとき自分の心がどこにあったか考えてみると、みんなに好かれる良い子になろうとしていたからということがわかるかもしれません。そうだとしても落ち込む必要はありません。第3章をもう一度読んで、すべての人から好意的に評価されることはないとしっかり心得ればいいのです。

では、義理のお母さんが電話で、2週間後に久しぶりに会いたいと言ってきた場合はどうでしょう？　あなたのパートナーのお母さんなので、パートナーにも、もちろん協力してもらいます。2週間あれば、部屋を片づけておくことができますし、ゆったり楽しみながら心を込めて料理できるよう段取りをしておくこともできます。つまり、自分の心を正しい位置に置くことができるのです。

ステップ1で自分の心が正しい位置にあったことを確認できて初めて、ステップ2に進めます。心を込めてお料理を作ったにもかかわらず義理のお母さんから「あまり美味しくない」という評価を受けたら、今度は義理のお母さんの心がどこにあったのかを考えるのです。

仕事の場合も同じです。あなたの仕事に対して上司からひどい評価をされたとき、まず大事なのは、そもそもあなたの心が正しい位置にあったかどうかを確認することです。

たとえばあなたが提出したレポートを上司が酷評したとします。そこで大事なのが、そのレポートを書くことを引き受けたとき、そのレポートを準備していたときに、あなたの心はどこにあったかということです。

仕事であれば、自分がプロとして誇りに思える仕事ができるような条件で引き受けるべきです。そして心を込めて全力を尽くすのは当然です。時間的にも能力的にもできると思って引き受け全力を尽くしたのであれば、自分の心は正しい位置にあったと言えます。

一方で、どう考えても時間が足りないと感じた、あるいは、今の自分では理解できない知識をたくさん必要とするレポートなのにもかかわらず引き受けてしまった。または、最近転職に成功した友人の話を聞き、心ここにあらずの状態でレポートを用意した。

これらの場合は、上司のひどい評価そのものが悩むポイントではありません。あなたの心が正しい位置になかったことが問題です。

ここでは、時間が足りないこと、能力的に無理なことをなぜ上司に伝えられなかったのか考えてみましょう。「上司からの仕事を断ったら、上司から嫌われると思った」「できないと言ったら、次から仕事が回ってこないと思った」などの恐れがあったことが見えてくるでしょう。

不本意な行動を取ってしまった理由に気がついたら、ぜひこれまでの章を読み返してください。確固たる軸を自分の中に持つことで、自分の心を自然に正しい位置に置くことができるようになっていきます。大丈夫。自分を責めることは不要ですよ。

ステップ2：相手の心はどこにあったのかを見極める

ステップ1で、自分の心は正しい位置にあった、つまり自分から主体的にその作業を引き受けて楽しみながら心を込めてやったにもかかわらず、相手から低評価を受けた場合、次にすることは、相手の心はどこにあったのかを考えることです。

相手の心が正しい位置にあったかどうかを見極めるには、こんな問いかけが有効です。

・その評価は、自分の保身や八つ当たり、嫉妬ではなく、私のことを真に思っての愛のある建設的なものだったか？

これまでの章でお伝えしてきたことを思い出してください。すべての人が大切に尊敬の念を持って扱われるに値するのです。あなたへの評価も常にあなたのためのものであるのが当然なのです。自らの権威や優位性を守るための評価、八つ当たりや嫉妬による暴言であることがわかれば、あなたはそれを受け入れてはいけません。

あなたのことを思った愛のある建設的な評価だけ受け入れるのです。

ステップ１で使った例でお話ししましょう。

まずは、義理のお母さんが電話で、２週間後に会いたいと言ってきた場合です。あなたはそもそもお料理が大好きで、久しぶりに会う義理のお母さんを自宅に招いて手料理でもてなそうと考えました。パートナーにも協力してもらい、綺麗に家を掃除し、お母さんの好みも考慮して、楽しみながら心を込めてお料理を用意しました。イヤイヤ引き受けたわけではなく、自ら率先して義理のお母さんに手料理を振る舞おうと決めた。これをステップ１で確認して、自分の心が正しい位置にあることはわかりました。

約束の日。綺麗に片づいたあなたの自宅に義理のお母さんがやってきます。あなたにとってのパートナーは、お母さんにとっては息子ですから、3人での久しぶりの食事に、お母さんも上機嫌で話が弾みます。パートナーも、あなたが作ったお料理を「どれも本当に美味しい」と褒めちぎるのですが、ふと義理のお母さんがこう言います。

「これ、あまり美味しくない」

このとき、お母さんの心はどこにあったのでしょうか?

義理のお母さんの気持ちなので、あなたは推測するしかありません。一番簡単なのは、まずは軽く理由を聞いてみることです。

「あら、これお母さんのお口に合わなかったですか?」

そうすれば、お母さんから本心が返ってくることもあります。

「ごめんなさい。うちの息子、私の料理をあまり褒めてくれたことがなくて。あんまりあなたの料理を褒めるから羨《うらや》ましくなって、つい」

「ごめんなさい。実はね、最近旦那とうまくいってなくて。仲良しのあなたたちを見ていたら、昨日の喧嘩を思い出して。ねえ、話、聞いてくれる？」

もしこんな答えが返ってきたら、「これ、美味しくない」という義理のお母さんからの評価は、ただの嫉妬、八つ当たりであり、額面通りに受け取る必要はない、気にする必要はないことがわかります。


「ごめんなさいね。言い方が悪かったわ。他のお料理はすごく美味しいのだけれど、この一品。せっかく高級な素材を使っているのに、アク抜きが足りなくて、少し苦味があるから、もったいないなと思って。よかったら、後でアクの抜き方お教えするわよ」

もしこんな答えが返ってきたら、言い方は良くなかったけれど、少なくとも建設的であることが理解できます。


次に、あなたが提出したレポートに対して上司からひどい評価を受けたケースを見てみましょう。

ここでも、あなたは能力的にも時間的にも期日までにレポートを完成することができるという確信を持った上で心を込めて全力でレポートをまとめたとします。つまり、ステップ1でいうと、あなたの心は正しい位置にあった場合です。それなのに上司は、「このレポートはなんなんだ！」と怒鳴りつけます。

このとき、上司の心はどこにあったのでしょうか？

実はレポートそのものは完璧で、何も問題はなかったのだけれど、上司がなんらかの理由でイライラしていて、そのタイミングでたまたまレポートを提出したあなたに八つ当たりしただけというシナリオもあるでしょう。上役から叱責を受けたばかりで、自信をなくしていて、優秀なあなたへの妬《ねた》みから理由もなく怒鳴りつけたということもあるかもしれません。あるいは、上司がこのレポートにはこういう情報を入れてほしいということをあなたに伝え忘れていて、その足りない情報について怒っていたのかもしれません。

いずれにしても、怒鳴りつけるというのは愛のある行為ではありません。また、具体的にそのレポートのどこを修正してほしいのかを伝えないというのも、愛のある行為ではないでしょう。

では、上司が怒鳴ることなく、冷静にこう言った場合はどうでしょうか？

「このレポート、少し修正してもらえないかな？」

この場合は、上司の発言そのものはニュートラル、つまり良くも悪くもない中立的なものです。こういうとき、「上司は私の仕事を認めていない」「上司に怒られている」と悪く解釈するのではなく、冷静に、

「わかりました。具体的にどのあたりをどんな風に修正したらいいでしょうか？」

と聞き返せばいいだけです。その答え如何《いかん》で、上司の心の位置がわかるはずです。

あなたのためを思って修正してほしいと言ってくれたのなら、どこをどう修正したらよいのかを具体的に伝えてくれるはずです。さらにもっと気が利く上司であれば、指摘した箇所以外はうまくまとまっていたなどと、フォローしてくれるでしょう。

一方で、

「そんなこと自分で考えろ！」

などというのは最悪の返事です。このように具体的な指示が出せない場合、上司はただイライラしていて自分のことしか考えていないことが考えられます。上司の心は正しい位置にはなかったということになります。

ステップ3：自分はどうすればいいのかを考える

ステップ1とステップ2で、自分の心の位置と相手の心の位置を把握したら、最後のステップ3で、自分はこれからどうすればいいのか考えます。

自分はどうすればいいのか、自分にとって最適の答えを見つけるために大事なのが、第1章から第3章でお伝えしてきたこと、そしてこの章でお伝えした、**もしお天道様が見ているとしたら**という視点です。

第2章でお伝えした「すべての人が幸せになるために生まれてきた」「すべての人には輝ける場所が用意されている」という2つの項目が腑に落ちていれば、ステップ2で、相手の心は正しい位置にはないことがわかったとき、自分が取るべき行動は明らかになってくるはずです。幸せになることが自分の生きる目的なのだから、暴言を我慢することはない、万が一ここがダメなら他に自分が幸せになれる場所があるはずと、勇気を持って行動できるでしょう。

第3章でお伝えした「ざっくり3タイプの人がいる」「一人の意見がすべての人の意見だと思わない」「すべての人から好意的に評価されることはない」ということを真に理解していれば、たまたまデビル上司に当たったとしても、それで自分をダメな人間だと思うことなく、ましてや万事休すと人生に絶望することなく、次に自分が取るべき行動を考えることができます。

これまで使ってきた義理のお母さんのケースと、会社のレポートのケースで考えてみましょう。

義理のお母さんが急に夕食どきに来たいと言ったのを断れず無理して作った夕食にケチをつけられたとき、ステップ3では、先述のように、機会を改めるか、これからは手料理でもてなそうとせずに、外食やデリバリーにすればいいということがわかります。

義理のお母さんが2週間後に来る場合は、ステップ1で自分の心が正しい位置にあることを確認した上で、ステップ2でお母さんの心の位置がどこにあるのかを探り、正しい位置にないことがわかれば、たとえ美味しくないと言われてもその評価は気にする必要はないことがわかります。

ステップ2でお母さんの心の位置が正しい場所にあることがわかった場合は、素直にアドバイスを聞いてアクの抜き方を教えてもらえばいいということになります。

会社のレポートのケースでは、ステップ1で自分の心が正しい位置になかったことがわかった場合は、ステップ3で、次回はどうしたら自分の心を正しい位置に置けるか考えます。期限が短すぎたり、まだ知らないことが多いので無理だと思ったりしたら、次回は率直にそれを上司に伝えるというのがあなたが取るべき行動でしょう。

また、転職に成功した友人が羨ましくて仕事に身が入らなかったのであれば、仕事中は今の仕事にフォーカスし、仕事以外の時間に自分も転職すべきかどうか検討してみればいいということがわかるはずです。自分の心の位置が正しい場所になかったのですから、上司の評価そのものをいつまでも引きずる必要はありません。

次に、ステップ1で自分の心が正しい位置にあったにもかかわらず、良くない評価を受けたときは、ステップ2で上司の心がどこにあったか考えます。自分に落ち度はなく、上司の八つ当たりや嫉妬が原因である場合は、それがたまにしか起こらないようであればスルーしましょう。けれどもあなたのためを思っていない愛のない不当な評価が日々続くようであれば、早いうちに行動を取る必要があります。第3章の「仮面をかぶったデビルに騙されるな」や「早い段階で助けを求める」の箇所をぜひ読み返してみてください。
ステップ2で上司の心は概《おおむ》ね正しいところにあったことがわかれば、ステップ3では、あなたは次回から指摘された箇所に気をつければいいだけという結論に至るでしょう。

ステップ3ですることをまとめると次のようになります。

・ステップ1でそもそも自分の心が正しい位置になかった場合は、相手の評価にこだわるのではなく、ステップ3で自分の心を正しい位置に置くための行動を考える。
・ステップ1で自分の心の位置が正しいことを確認した上で、ステップ2で相手の心も正しい位置にあった場合は、素直に相手のアドバイスを参考にして、今度はより良いやり方で行動すればいい。
・ステップ1で自分の心が正しい位置にあることがわかり、ステップ2で相手の心は正しい位置になかった場合は、次の3つを考える。

①相手は、あなたの出方しだいでエンジェルに変わる可能性がある凡人なのか、それとも、あなたがどうあがいても変わる見込みのないデビルなのか？

②相手が凡人なら、あなたが次にどんな言動をしたらエンジェルに寄っていくのか？

③相手がデビルなら、デビルを相手にしないためにあなたに何ができるか？

『鋼の自己肯定感』で私は、自己肯定感と判断力の関係についてお話ししています。**ありのままの自分には価値がある、自分は存在レベルで素晴らしいと信じて下す決断と、ありのままの自分には価値がないし、生きている価値もないと思って下す決断は、同じ状況でも180度異なります**。

あなたが次にどんな行動をすればいいのか、特に相手の心が正しい位置にないとき、どうすればいいのか、そこで正しい判断をするために、ありのままのあなたには価値があること、そして存在レベルで素晴らしいことを常に忘れないでください。

第1章から第3章を読み返して、ぜひ「価値がある素晴らしいあなた」にとって最良の行動を考えましょう。そして次の章からは、第1章から第4章がさらに腑に落ちるように、様々な具体例をご紹介していきます。

第5章

もし「身近な人」がデビルだったら……

デビル親のネガティブ評価は嘘

私たちが生まれて最初に評価を受ける人、それが私たちの両親です。これまでも何度か触れていますが、子どもにとって親というのは絶対的な存在。学校に上がるまでに経験した親との関係が、これから出会う様々な人との関係の縮図だと思ってしまうのも無理はありません。

「お前はクズだ。産むんじゃなかった」

などという暴言を物心ついた頃から浴びせられていたら、自分は生きる価値がない人間だと思いこんでしまったとしても仕方ありません。このような言葉の暴力に加えて実際に体への暴力も伴っていたならば、それは大変な試練だったことでしょう。

ここで、とても大事なことがあります。親からのネガティブ評価、親からの暴言は嘘だったということです。

ぜひもう一度、第2章を読み返してみてください。選ばれた人だけ、優しい親のもとに生まれた人だけ幸せになれるのではありません。毒親育ちの人も含めて、すべての人が幸せになるために生まれてきたのです。生まれつき生きる価値がない人間なんていないのです。

毒親のもとに生まれてきたことは大きな試練です。大きな試練ではありますが、親から吐かれた毒を信じ続けるのではなく、嘘だったと手放してほしいのです。

やることなすことことごとく否定されてきたかもしれません。結果として、自分の心を正しい位置に置くことができなくなっているかもしれません。

子ども心に親を喜ばせようと描いた絵を「こんな下手くそな絵を描いてないで、家の手伝いをやれ」と貶《けな》されたかもしれません。学校のテストが60点だっただけで、「お前は本当にバカだね」とバカにされたかもしれません。

デビル親からのネガティブな言葉のシャワーに、あなたの心は折れ、頑張ってみよう、誰かを喜ばせようという気力も失せてしまい、何をするにも心は正しい位置にない状態になっているかもしれません。

でも、大人になったあなた、親から距離を置くことができるあなたは、ぜひ、たまたまデビルの親に当たったと考えてほしいのです。

そもそも毒親の心はどこにあったのか?

きっと、常に正しくない位置にあったのでしょう。かなりの確率で毒親の親もやはり毒親だったはずです。そんな毒親が下したあなたに対する評価は、本人の辛さ、悔しさ、恐れ、怒りのはけ口だったということです。真《ま》に受けてはいけません。

心が正しい位置にある上での評価は、あなたの成長を真《しん》に願っての愛のある評価だけです。**それ以外の評価はごっそり手放していいのです。**

「凡人」の親の心配は、ありがたく受け取り、手放す

前節で書いた毒親は、大変ではあってもわかりやすいので、ある意味、シンプルな対処ですみます。あなたがすることは、毒親からの評価をすべて完全に手放すだけだからです。

このようにわかりやすいデビルの毒親でもなければ、エンジェル、つまりあなたを常に100%信じて無条件の愛を注ぐ親でもない、凡人タイプの親を持つ場合は、ぜひ気をつけてもらいたいことがあります。それは、**愛のようで愛ではない、親の「心配」や「転ばぬ先の杖」の扱い方**です。

コーヒーチェーンのスターバックスをシアトルの数店舗から世界規模のチェーン店にまで育て上げたハワード・シュルツさんの例でお話ししましょう。

ハワードさんは、ニューヨーク生まれ。両親は共に大学には行っておらず、お父さんは布おむつの配達などブルーカラーの仕事に就いていたそうです。年収が生涯2万ドルを超えることがないほどで、一家は極貧。ハワードさんはニューヨーク市が補助している低所得者向けのアパートで育ちました。

3人兄弟の長男だったハワードさんは、家族で初めて大学の学位を取ります。卒業後しばらくしてからはスウェーデンに本社がある台所用品の製造会社に就職し、営業職で頭角を現すと、20代で営業部長に昇進。年収は7万5000ドル、ニューヨークの高級アパートに住み、多額の経費も自由に使えるような身分になりました。大学を出てわずか数年で、父親の生涯最高年収の3倍以上を稼ぐようになったのですから、両親は鼻高々です。

そんなとき、シアトルのコーヒー会社が、ハワードさんの会社のコーヒーメーカーを大手のデパートよりも大量に購入していることに気づきました。ハワードさんは、その理由が知りたくなり、シアトルに向かいます。

ハワードさんが訪れたスターバックスという名の小さなコーヒー会社では、厳選した高級なコーヒー豆を自社で焙煎《ばいせん》し販売していました。そこで出されたダークローストのコーヒーを飲んだ彼は、一口でその香りとコクの虜《とりこ》になってしまいます。

当時のアメリカでは、ブレンドされたコーヒー豆を挽いて粉にしたものを缶に詰めてスーパーで販売するのが主流。豆も質の悪いものが使われていました。自分好みの豆を挽いてコーヒーを楽しむ文化が、アメリカでは確立していなかったのです。

その後、ハワードさんは何度もシアトルのスターバックス社を訪ね、「自分が生涯をかけてやる仕事はこれだ!」と気づきます。そして、7万5000ドルの年収を捨て、ニューヨークから3000マイルも離れたシアトルに引っ越し、スターバックス社で見習いからスタートするのです。

このハワードさんの行動に、彼の両親はどんな評価を下したか？

「あなたはすでにものすごくいい仕事に就いているのよ。なぜそれを手放して無名のコーヒー会社なんかで働くの？」

そう、大反対でした。けれどもハワードさんは親の反対、親の心配をよそに、シアトル行きを決行したのです。その結果は、みなさんがご存じの通りです。

もしも、ハワードさんが「高給を捨てて無名のコーヒー会社で働くなんてバカげている」という親の評価を鵜呑みにしていたら？　今のスターバックスは存在しません。

ここで、ハワードさんが取った3ステップをまとめるとこうなります。

ステップ1：自分の心はどこにあったのかを知る

「自分は生涯をかけてやりたい仕事を見つけた。これはダイヤモンドの原石で、絶対に大きくなる。この新しく素晴らしいコーヒー文化を世の中に広めたい」

そう、ハワードさんの心は愛に基づいた正しい位置にありました。

ステップ2：相手（親）の心はどこにあったのかを見極める

「ずっと貧乏で苦労してきた我々にとって、息子が7万5000ドルの仕事を手放すということは理解不能なことだ。そんな無名のコーヒー会社にチャンスがあるとはとても思えない。息子にはぜひとも思いとどまってほしい」

これは親の経験から導き出した、親が提供できる最高の愛の形だったのでしょう。けれども、親の心はサバイバルモードであり、息子の無限の可能性を信じるという絶対的な愛の位置、創造モードにはありませんでした。

ステップ3：自分はどうすればいいのかを考える

「親は反対しているけれど、これをやらなければ自分は必ず後悔するし、必ずやり遂げられると思うから、自分の意志を貫いてシアトルに引っ越す」

あなたが何かに挑戦しようとするとき、多くの凡人タイプの親は「やめておきなさい」と言うでしょう。あなたには成功している自分の姿が想像できても、親には想像できないのです。

ハワードさんの両親から見たら、自分たちの3倍以上の収入を20代で手に入れている息子が、それを手放してシアトルという見知らぬ土地の無名のコーヒー会社で働くことの意味がわからなかったのです。

けれどもハワードさんには、このスターバックス社がダイヤモンドの原石で、やがて全米にチェーン展開していく様子がはっきり見えたのです。

親の心配を真に受け、自分の夢を諦めたら、あなたは必ず後悔します。そして、いつも心配ばかりする親を「自分の夢を応援してくれなかった」と恨むようになるかもしれません。自分の夢を追求したいなら、凡人タイプの親の心配はありがたく受け取り、そして手放すようにしましょう。

ドリームキラーに負けない

親だけではなく、親戚からの評価というのも気になるものです。特に多くの親戚が近くに住んでいるような場合であればなおさらです。

私の母の忘れられないエピソードをご紹介しましょう。

お料理の先生をしていた母は、あるとき地元の新聞社から取材を受けました。料理にかける母の意気込みと想いを熱く語るという企画でした。

その記事のためにプロのカメラマンに撮ってもらった写真の母はとても美しかったのを覚えています。出来上がった原稿を見て、私は母のことをとても誇らしく思い、新聞が刷り上がるのを心待ちにしていました。

ところが、数日後、母は、

「あの記事、出さないことになった」

と言うのです。なぜ？　と聞くと、

「親戚から反対された。目立つことはするなと言われた。だから新聞社に断った」

という返事でした。

私はとてもがっかりしました。あんなに素敵な写真が載った素晴らしい記事なのに。新聞記事が出れば、母の夢だったお料理の本の出版につながるかもしれないのに。様々な思いが駆け巡りました。

反対した母方の親戚は全員医者の家庭でした。当時は、医者たるもの宣伝などすべきでない。新聞の記事に出たりするのは、はしたない売名行為といった価値観を持っていたようです。

また親戚の中で男性は全員医者、母以外の女性はみな裏方に回り、献身的な良妻賢母の役割を果たしていました。もしかしたらフルタイムで仕事をしている母へのやっかみもあったのかもしれません。

もしも母がこの本でお伝えしている3ステップを知っていたら、結果は違っていたのではないかと思います。

母の心はどこにあったのか？（ステップ1）

母は研究熱心で常に新しいレシピを開発していました。食と健康に関する最新情報を死ぬまで学び続けていた人でした。

「料理に対するそんな熱い想いを多くの人に伝えたい」

母の心は正しい位置にあったのだと思います。

では、**新聞掲載に反対した親戚の心はどこにあったのか？（ステップ2）**

「新聞に出るなんてはしたない。そんな目立つことをしたら周りからなんて言われるか心配だ」

そういったことだったのではないでしょうか。「お料理の楽しさを多くの人に伝えたい、いつか本も出版したい」という母のことを思っての評価ではなかったと私は思います。

では、ここまでわかったら、**母はどうすればよかったのか？（ステップ3）**

自分の心を信じ、たとえ親戚から不興を買っても、多くの人にお料理の楽しさを伝えるために、新聞に記事を掲載してもらうという行動を取ればよかったのではないでしょうか？

大事なことは、**自分の価値観を常に優先させる**ということです。**あなたの人生は、あなたのもの。あなたの人生はあなたが生きてよいのです。**

ネガティブ評価は引きずらない

「自分は子どもの頃、勉強ができなかった。先生からも見放されていた。だから大人になっても、自分の人生はうまくいかない。自分はダメだ」

私のクライアントさんの中には、そう考えている人が少なからずいらっしゃいます。実際には、立派に仕事をされ子育てもしているにもかかわらずです。

アメリカの実業家でセミナー講師、そしてベストセラー作家でもあるディーン・グラジオーシさんは、ディスレクシア（読字障害）のため、学校の成績がとても悪く、ある教師からは「君は将来、最低賃金でしか働けないだろう」と言われていたそうです。

この辛辣《しんらつ》な評価をディーンさんが真に受けていたらどうなっていたでしょう？「自分はどうせダメだ、何をやってもうまくいかない」という思いに囚われ、人生を途中で投げ出していたかもしれません。

学校の教師というのは、自分が教えている教科を理解できているかどうか、テストで良い点を取れるかどうかというとても狭い物差しで生徒をジャッジします。特に大学を卒業して会社勤めや起業などの経験なしに学校の教師になった場合は、実社会でどんな力が必要とされているかをよく理解できていないということもあるかもしれません。

幸いディーンさんは、この教師の言うことを真に受けることなく、高校を卒業後、様々なビジネスを成功に導き、今では億万長者になっています。

ビジネスの種をまく、ビジネスの仕組みを考える、人を動かすなど、ディーンさんには学校の成績では測ることのできない様々な能力があったのです。

これはディーンさんに限った話ではありません。大事なのは、それがたとえ教師からのものだとしても、自分のためにならないネガティブな評価は引きずらないことです。

もしもその教師が本当にディーンさんのことを思っていたとしたら、テストでは測ることができない良い点を見つけ出し、それを伸ばすようにしていたはずです。

「お前は最低賃金で働くことになるだろう」

愛のかけらもない教師のひと言など、完全にスルーするのが正解です。

デビルの心理を理解する

上司からのネガティブ評価に悩まされている人は多いことでしょう。

私がある会社で実際に経験した例をお話しします。

私はその会社でプロダクトマネジャーを務めていました。営業からの意見を吸い上げ、エンジニアともコミュニケーションをはかり、次の製品に反映すべき機能や価格のオプションを考えるのが私の仕事でした。

私の上司はエンジニア出身の人で、プロダクトマネジメントをするのは初めての経験でした。私の上司として紹介された日に、「一緒に仕事を覚えていきましょう」とニコッと笑ってくださり、とても信頼できる人だなと感じました。

その上司とはとてもウマが合い、信頼関係も築けていました。私が困ったときにはいつでも相談に乗ってくださり、また逆に私の意見や提案を尊敬の念を持って聞いてくださいました。まさにエンジェル上司です。

おかげで、その会社での仕事は順調で、会社に行くのが楽しくて仕方ありませんでした。

ところが、しばらくして組織変更があり、私のエンジェル上司は異動になって、別の上司のもとで同じ仕事をすることになりました。

エンジェル上司は幹部だけの会議に出た後、すぐにその会議で決まった重要なポイントを共有してくれていましたが、新しい上司は全く情報の共有がありません。新しい情報を知らされないまま、また仕事もあまり与えられないまま、数日が過ぎてしまいました。そしてある日、なぜか、その新しい上司とさらにその上の部長に個室に呼び出され、意味不明の叱責を受けたのです。

まさに、会社が天国から地獄に変わった瞬間でした。

私の能力は全く変わっていない。担当する仕事も全く同じ。仕事に対する熱意も変わっていない。それなのに上司が変わっただけで、同じ会社が天国から地獄に変わるとは驚きでした。

若かった私は何が起こっているのか理解できず、呆然としていました。こんなとき、どうすればいいのか、それはのちほどお話ししますが、ここでお伝えしたいことは、愛のない上司のネガティブ評価は真に受ける必要はないということです。

あなたにはその会社に貢献できるぴったりの仕事がある。それが何かを考え、あなたの潜在能力を引き出すのが上司の仕事です。今までできていた仕事さえさせないようにしてあなたの能力を封じ込める。それは上司の仕事ではありません。

上司があなたを不当にネガティブに評価する、あなたのできていないことだけに注目するのは、その上司自身の自信のなさの裏返しである場合がほとんどです。

「凡人」がデビルになるかエンジェルになるかは、自分しだい

前節では私自身の経験をお話ししましたが、

「とはいっても、直子さん、私は会社員です。上司から評価されないと仕事になりません。上司の評価が気になって当然です」

と思う方もいるでしょう。実際私のセミナーやコーチングセッションでも同じことをおっしゃる方がとても多くいます。

あなたの上司がエンジェルなら、おそらく「上司の評価が気になって仕方がない」ということはないはずです。エンジェルというのは、何をしてもポジティブに受け止めてくれ、自分が期待する以上の評価をしてくれる人のことです。上司が何をしても否定してくるデビルの場合の対処法は次の節でお伝えします。

ここでは、その中間の凡人上司の場合のお話をしましょう。エンジェルでもデビルでもない**凡人上司は、日によって、そしてあなたの出方しだいでエンジェル寄りにもなればデ**

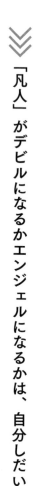

ビル寄りにもなります。このような凡人が上司であれば、確かにその評価は気になるでしょう。

凡人上司の場合、必ずあなたに確認していただきたいことがあります。それは、**あなた自身が自分をネガティブ評価していないか**ということです。

具体的な例でお話ししましょう。

私のクライアントのＣさんは、シリコンバレーのＩＴ企業でＡＩ関連の仕事に携わっていました。博士号を持っているくらい優秀な方でしたが、彼女には、商談のとき自信がなくて発言ができないという悩みがありました。

彼女は、上司からの評価がとても気になると言います。そして、「専門家のはずなのに肝心の場面でその専門知識を披露できない」「自分はダメだ」「上司はきっと自分のことをよく思っていないに違いない」と自分のことを否定するのです。ただ、彼女の話を聞く限り、彼女の上司はエンジェルでもデビルでもない凡人上司のようでした。

彼女と話していて私が一番気になったのは、「博士号まで取ったのに」という口癖でした。その後には、必ず否定的な自己評価が続くからです。

そこで私は彼女に、「博士号まで取ったのに」という口癖を「博士号まで取ったのだから」に意識して変えることを提案しました。その後に続くのは、「博士号まで取ったのだから、専門知識を活かしてきっと私は商談に貢献できる」「博士号まで取ったのだから、きっと顧客も私の専門意見を聞きたいだろう」というように、ポジティブなものにしかならないからです。

自分自身のネガティブな口癖に注意を払うことで、彼女は自分自身がムダに自分を低く評価していることに気がつきました。

凡人上司の、あなたに対する評価は、ポジティブでもなければネガティブでもなく、ニュートラルなものが多いのです。

「このレポートのここを直しておいて」

そう凡人上司に言われたとき、そのことを「レポートも完璧に書けない私はダメだ」と自分をネガティブに評価するか、あるいは「上司に指摘された箇所以外は、レポートはうまくまとまっていたんだ」と捉えて自分をポジティブに評価するかで、凡人上司との関係は大きく変わっていきます。

凡人上司と廊下ですれ違ったときに怖い顔をしていた。それを「私のことを怒っているんだ」と自分のせいだと捉えるか、「上司は何か良くないことがあったんだ」と自分とは切り離して捉えるかでも大きな差が出ます。

凡人上司は日によって、そしてあなたの出方しだいで、エンジェル側に寄ることもあれば、デビル側に寄ることもあります。これまで何度もお話ししている「選択的注意」の習性を思い出してください。あなたが「私はダメな人間だから、私の上司も私のことをネガティブに評価している」と思えばその証拠が山ほど集まるでしょう。逆に「私は会社に貢献することができる素晴らしい存在だから、私の上司も私をポジティブに評価している」と思えばその証拠も山ほど集まります。

人というのは自分の鏡なのです。最初は勘違いで始まったことでも、くり返していると段々現実になっていきます。

自分で自分にネガティブ評価を下し、自信がなさそうにしていると、凡人上司はあなたのことを、あなたが自分に下した通りの評価、つまり「頼りない人」「仕事ができない人」という風に扱い始めます。

その逆も真なりです。あなたが常に自分をポジティブに評価し、「私は自分なりに努力している」「私には会社に貢献できることがある」というように自分のことを信頼していると、凡人上司は、あなたのことをその通り、つまり「頼り甲斐《がい》のある人」「仕事ができる人」として扱ってくれるのです。

デビル上司に不当な扱いを受けたら……

前節では、凡人上司の場合、自分が自分に下している評価に気をつけることをお話ししました。ここでは何をやってもネガティブな評価しかしてくれないデビル上司にどう対応すればいいかをお話ししましょう。

ここでは、あなたは自分の仕事が好きで、なおかつ自分でもできると思う仕事をいつも心を込めてやっている、つまりあなたの心の位置は正しい位置にあったことを前提にします。

それにもかかわらず、デビル上司からの辛辣な評価やパワハラが続く場合、ステップ2で考えると、デビル上司の心は常に正しい位置にないことが想定されます。

ステップ1、ステップ2の答えがわかったら、ステップ3で、ではあなたはどうすればいいのかを考えます。


不当な扱いを受けていることに気がついたら、なるべく早く行動することが大切です。第3章の「割れ窓理論」の話をもう一度読み返してみてください（74ページ）。最初の不当な扱いを放っておくと、「こいつには何をしても大丈夫だ」と思われて、あなたはそのデビル上司自身の不満のはけ口として利用されるようになります。

壁に落書きをされたら、すぐさま上塗りをして落書きを消す必要があるように、不当な評価、不当な暴言が常習化する前に反撃してそれをストップする必要があるのです。下手《したて》に出たほうがよいか、上手《うわて》に出たほうが効果的かは、あなたと上司の関係がどの程度悪化しているかということや、上司の性格やその日の気分にもよります。

初期の段階であれば、次のような下手に出るアプローチが功を奏するかもしれません。

「いつもご指摘ありがとうございます。ただ自分は敏感なので、大きな声を出されると萎《い》縮《しゅく》してしまいます。普通の音量でお話しいただけると嬉しいです。あと何度も同じことをくり返し指摘されると、かえってミスが続いてしまうタイプなので、指摘は一度だけにしていただけますでしょうか?」

また、少しきつめに出たほうが効果を期待できそうなら、

「私はこの会社に貢献したいと思っています。大きな声で怒鳴られたり、同じ指摘を何度もされたりすると、私も萎縮して本領が発揮できなくなりますし、お互いに時間のムダだと思います。心理的に安全な場所で仕事をしたいので、今後はもっと冷静に、必要なことを一度だけ手短に指摘してくださると助かります」

などもよいでしょう。

初期段階の反撃で大事なのは、それを個人レベルの問題として伝えるのではなく、上司のその暴言(もちろん上司には暴言とは言いませんが)により、自分と上司双方の生産性が下がり、ひいては会社全体の損失になるといった、上司が受け入れやすい大義名分にすり替えて伝えることです。

デビル上司は、自分で消化しきれていない劣等感や不満を、あなたにぶつけて解消した

いだけなのです。早めの段階であなたが上司に言い返すことで、あなたのことをこいつは言い返してくる面倒臭いやつだ、こいつをカモにするのはやめようと思ってくれるかもしれません。

本来、上司の仕事は部下の強みを最大限に引き出すことであって、部下の弱みにフォーカスして不当な扱いをすることではありません。第1章の「他人のネガティブ評価」に自分も同意してしまうパターンの節（33ページ）も併せて読み返してみてください。相手は「君のために言っている」「みんなもそう言っている」「いつもそうだ」などあの手この手を使い、悪いのはあなたのほうだと説き伏せてくるでしょう。その手に乗ってはいけません。

では、初期段階での反撃が失敗に終わり、かえって不当な扱いがひどくなった、あるいは、長らく放置していたため不当な扱いが常習化しメンタルがやられてしまった、もはや反撃する気力も残っていないという場合はどうすればよいのでしょうか？

その場合は、まずは**あなたの会社そのものがブラックではないか確認**してください。たまたまあなたの上司がデビルなだけなのか、それともデビル上司ばかりの会社なのかを見極めましょう。
長時間労働は当たり前、社員を罵倒《ばとう》するのも当たり前の会社であれば、即刻転職をおすすめします。人生100年時代とはいえ、あなたの人生は有限です。ブラック企業で我慢してはいけません。

では、あなたの上司がたまたまデビルだった場合はどうすればいいでしょうか？　そのときは、**即刻社内の人に助けを求めましょう**。上司の上役に話すのもいいですし、人事部が社員を守るために機能している場合は、そこに相談するのがいいでしょう。
パワハラやモラハラの防止、心理的安全性の確立などに注力し、社員を大切にしてくれる会社であれば、理解者や協力者が見つかるはずです。

第3章の「逃げる勇気を持つ」の節で、デビル上司のパワハラに苦しんでいたクライアントさんの例をご紹介しました。彼女は人事部に事情を話して配置転換してもらうことで無事解決することができました。新しい部署では人間関係にも恵まれ、もともと仕事ができた彼女は再び以前の明るさを取り戻し楽しく仕事をしています。

彼女自身はこの元デビル上司と話し合いの機会を作るなど最善を尽くしたのですから、人事部に助けを求めることは決して卑怯なことではありません。むしろ勇気のある行動なのです。ちなみに彼女の元デビル上司は、彼女の異動後、個人的な事情で退職してしまったそうです。

「からかい」やマウンティングを放置しない

他人の評価に振り回されずに幸せに暮らすために気をつけてほしいことがあります。それは友人やパートナーからの「ちょっとからかっただけだよ」や「あなたのためを思って」という言葉です。

具体的な例でお話ししましょう。

満員に近いエレベーターに友人と一緒に乗ろうとしたとき、
「あなたが乗るとブザーが鳴っちゃう」

と友人に言われました。

あなたが「ひどい！」と抗議すると、友人は、

「冗談よ。ちょっとからかっただけ」

と返します。

あなたがパートナーから、

「箸っていうのはね、こうやって持つんだよ。家で教えてもらわなかったの？」

と言われ、あなたがイヤな顔をしていると、

「君のためを思って言っているんだよ」

とあなたのパートナーは続けます。


このような友人、そしてパートナーの発言は要注意です。**学校や大人の間のいじめ、パートナーからのモラハラは、最初は一見大したことのないこんな小さな会話から始まります。**

数年前、ある著名なお笑い芸人が亡くなったときに、昭和の時代にその芸人がテレビのバラエティで演じていた寸劇の再放送を見て、ドン引きしたことがあります。

その芸人はアルバイトを募集する店主の役でした。彼がポスターに「サービスが丁寧な美人を募集」と書いて店頭に張ります。

すると、そのポスターを見た女性が一人お店にやってきます。その女性は「美人ではない」という設定で、それに見合ったメイクが施されていました。

芸人は女性の顔とポスターを見比べ、困った顔をする……。

「美人を募集」と書いてあるのに明らかに「美人ではない」女性が応募してきたことで視聴者から笑いを取るというのが、その寸劇の狙いでした。

今、こんな内容の番組を放送すると、ルッキズム（人の外見に基づく差別）の観点から抗議が来ることは間違いないでしょう。作り手側の「ちょっといじってみただけ」「ちょっとからかってみただけ」「冗談、冗談」という言い分は通用しなくなっているのです。

ところが今でも親しい間柄となると、この言い分がまだ幅を利かせているようです。友人やパートナーからの「ちょっとからかっただけ」「あなたのためを思って」という言葉です。

これらを放ったままにしておくと、しだいにエスカレートしていきます。これらの言葉は、いじめやモラハラの隠れ蓑《みの》なのです。

ステップ2の「相手の心はどこにあったのか」ということを考えてみれば、相手は自信のなさや自らの不安を、あなたをからかったり、あなたにマウントを取ったりすることで解消しようとしていることに気づけるでしょう。

第2、3章をぜひ読み返してください。あなたはそのままで素晴らしい。常に尊敬され大切に扱われるに値するのです。あなたのことを蔑《さげす》む、つまらない昭和のジョークもどきに愛想《あいそ》笑いする必要はもうないのです。

「ぼっち」を怖がらない

前節のちょっとしたからかい、ちょっとしたモラハラに愛想笑いをしてしまう背景には、「ぼっちが怖い」ことがあるのではないでしょうか。

友人やパートナーがいないのは恥ずかしい、怖い、不安だ。そんな思いが先行してしまい、自分がちょっと我慢すればいいと思ってしまう。

けれども、相手は自信のなさや不安をあなたにマウンティングすることで解消しようとしているのですから、言われるがままの状態にしておくと、それがどんどんエスカレートし、やがてはあなたの我慢にも限界が来るでしょう。

ステップ2で「相手の心が正しい位置にない」ことがわかったら、ステップ3で「あなたはどうすればいいのか」を考えます。

友人やパートナーからの心ない評価に振り回されずに生きるためには、これまで何度もお伝えしている、あなたは幸せになるために生まれてきたということを思い出してください。

自分には存在レベルで価値がある、常に尊敬され大切にされるに値する存在だと心から信じることができれば、何かにつけモラハラをしてくる人とは付き合わなければいいということがわかるはずです。

「自分の価値をわかってくれる人とだけ付き合う。そんな人が周りにいなければ、おひと

りさまで全然大丈夫」

心からそう思えるようになると、友人やパートナーの心ない評価に振り回されることはなくなります。しかも、あなたが毅然《きぜん》とした態度を続けていれば、同じような考えの人が自然に周りに集まってきて、一緒にいて心から楽しめる新しい関係が出来上がるのです。

エンジェルに囲まれて暮らすには

あなたがまだ無力だった子どもの頃は、「こんな親イヤだ、違う親がいい」というわけにはいきませんでした。幼稚園も小学校も自分で選んだという人はほとんどいないでしょう。

学校に入ったらクラスメートと付き合うしかなかった。会社に入ったら上司や同僚と付き合うしかない。いつしかあなたは、置かれた場所にいる人と付き合うしかないと思いこむようになってきたのではないでしょうか。

けれども、あなたはもう子どもではないのです。自分で稼げるようになれば、付き合う相手を自分で選ぶことができるのです。

それは**あなたが仕事においても、プライベートにおいても、エンジェルや、エンジェルに果てしなく近い凡人ばかり選んで付き合うことができる**ことを意味します。

エンジェルがたくさんいるのではと思って飛び込んだ職場にデビルが蔓延《はびこ》っていたということもあるでしょう。エンジェルだと思って付き合った相手が、実はデビルだったということもあるかもしれません。

第３章で軍資金の話をしたのはこのためです。人生の早い段階である程度の軍資金を貯めてしまうこと。そうすれば、間違った環境に入ってしまっても、すぐにその環境を飛び出してより良い環境に移ることができます。

ブラック企業から逃げ出したくて転職したのに、そこもブラックだったということがないように、ある程度軍資金を用意しておき、十分時間をかけて理想の職場を見つけましょう。

パートナー選びも同じです。モラハラパートナーと別れることに決めたら、また同じような人だったということにならないよう、焦らずゆっくり探しましょう。そのためにも、

第3章でお伝えした通り、自分で自分を幸せにする術をぜひ身につけてください。

この章では、親や親戚、先生、上司、友人、パートナーからの評価を、あなたがどう評価するかについてお話ししました。エンジェルに囲まれている環境に身を置くことができたなら、そもそも評価の仕方を身につける必要すらなくなります。エンジェルは、いつもあなたをポジティブな目で見て、あなたの可能性を信じているからです。

エンジェルに囲まれて幸せに暮らす。そんな人生をあなたは選ぶことができるのです。

第6章

≫ もし「お客さま」がデビルだったら……

世の中の評価との〝時差〟

ビジネスをしていれば、お客さまからの評価はもちろん気になるでしょう。けれども、ときとして、お客さまや一般大衆からの評価には時差がある場合もあります。

2023年3月、クリスティーズのオークションで落札された葛飾北斎の浮世絵に、過去最高の276万ドル（2024年2月現在の円相場で約4億1200万円）という価格がつきました。みなさんもきっとご覧になったことがある、『富嶽三十六景』全46図中の一図「神奈川沖浪浦」です。鮮やかな濃い青と白が基調のその版画は、左手から空高く大きな波がうねり、中央の奥に雪が積もった富士山が小さく見えるという構図です。

今では世界中のコレクターから芸術作品として収集され、名だたる美術館に飾られている浮世絵ですが、江戸時代、浮世絵は庶民の娯楽で、今のファッション誌やブロマイドに当たる存在でした。蕎麦一杯の値段で浮世絵を一枚買うことができたのです。

その浮世絵に大きな影響を受けたゴッホの絵も、生前はほとんど評価されませんでした。ゴッホの絵は、死後20世紀初頭から評価され始め、バブル期の１９８７年に安田火災海上保険（現損害保険ジャパン）が、約53億円（当時の円相場換算）で落札した「ひまわり」や、その３年後の90年、さらに高額の８２５０万ドル（約１２４億５７５０万円）で落札された「医師ガシェの肖像」を思い浮かべる人も多いでしょう。

浮世絵やゴッホの絵のように当時はあまり評価されなくても、後から評価が上がり続け、１００年もの時を経てもその輝きを失わない不朽の名作だと認められることもあるのです。１００年とまではいかなくても、その真価が不動のものになるまでに何年もかかったアーティストは星の数ほどいるでしょう。

これは芸術作品に限ったことではありません。サービスや商品についても、世に出てすぐに火がつくこともあれば、知られるまでに何年もかかる場合があります。

アイビーリーグの一つ、コーネル大学出身のアメリカ人の友人が、三十数年前、彼がまだ学生だった当時のこんなエピソードを教えてくれました。

大学のキャンパス内にあるアイスクリームショップで、チョコレートやバニラなどのポピュラーなフレーバーに交じっていたのが、得体の知れない緑色のフレーバー。ピスタチオのアイスクリームかと思いきや、matcha と書いてある。みな不気味に感じて、この友人をはじめ注文する学生はほとんどいなかったそうです。それが当時のアメリカ人の一般的な感覚だったのでしょう。それが今や、日本の抹茶は「matcha」としてそのまま英語になるほど広く知られ、欧米の高級レストランからスターバックスに至るまで、店の人気メニューの一つになっています。

このように、たとえすぐに好意的に評価されなくても、自分が提供するサービスや製品に価値がないと考える必要はありません。もちろんビジネスですから、100年待つわけにはいきませんが、「すぐに評価されないサービスや製品イコール良くない」わけではないということです。

デビルのお客さまには〝線引き〟が必要

ビジネスとしてお金をいただいて仕事をしているわけですから、お客さまに喜んでもらおうと努力をするのは当たり前です。けれども線引きは必要です。

私は12年間、シリコンバレーで映像編集関連のソフトウエアを開発・販売する会社を元夫と共同経営していました。元夫は開発担当で、私は自分の専門であるマーケティングをはじめ、開発以外のすべての部門を担当。オンラインに加えて、アメリカ、日本、イギリスやオーストラリアなどの実店舗でも販売され、世界中で数万人単位のお客さまを抱えていました。

私たちの会社ではカスタマーサービスにも力を入れていました。私も電話を受けていたのでわかるのですが、お客さまからの問い合わせは、「シリアル番号が届いていない」「ソフトウエアの使い方がわからない」「必要な機能がどこにあるかわからない」といったシンプルなものが中心でした。

とても礼儀正しい人がほとんどだったのですが、世界中に数万人もお客さまがいると、一定の割合でいわゆる〝モンスタークレーマー〟が存在します。ごく一部ではありますが、デビルなお客さまが存在したのです。

ダウンロード版を購入すると、ソフトウエアを使用するために必要なシリアル番号が別メールで自動的に届くようになっていたのですが、これがたまに迷惑メールボックスに入ったり、場合によってはサーバーのフィルターにかけられたりして、届かないことがありました。そんなとき、中には、こちらに問い合わせをする前に「お金を払ったのにシリアル番号が届かないなんて、このソフトウエア会社は詐欺だ！」などとネットに書き込みをしてしまうお客さまもいたのです。

また、ソフトウエアの機能の使い方を教えてほしいと電話をかけてきておきながら、こちらが使い方の説明を始めると、「オレの話を聞け」と延々と自分の話をする人、用事もないのに何度も電話してくる人などもいました。

カスタマーサポートを有料にすることもできましたが、デビルなお客さまはほんの一握りでしたので、この方たちの電話番号を「ブラックリスト」にして、電話は取らないという対策を取りました。そうしないと、本当に解決したい問題を抱えているお客さまに対応できなくなるからです。

ビジネスなので、最大限お客さまに喜んでいただける最高の製品、そしてサービスを提供するのは当然のことです。けれども**一定の割合で存在する心ないデビルのお客さまにまで喜んでもらおうとする必要はありません**。お客さまのためならなんでもするのではなく、ここまではするけれど、これ以上はしないという線引きも必要です。

2対6対2の法則を落とし込む

第3章の冒頭でお伝えしたように、人はエンジェル、凡人、デビルの3タイプにざっくり分かれます。何をしてもあなたのことを好きでいてくれる人が2割、何をしてもあなたを嫌う人が2割、残りの6割はどちらでもないという、2対6対2の法則を聞いたことがある人も多いでしょう。

割合がきっちり2対6対2になるかどうかは別として、**世の中はそんなものだと心得ておくと、周りからの評価にも動じなくなります**。すべての人に好かれなければいけない、すべての人から高評価をもらわないといけないと思うから、一部の人から嫌われたとき、低評価を受けたとき、苦しくなるのです。

どんなに売れた商品やサービスでも、必ず一定数のアンチがいるものです。もしこの話に納得できないなら、ぜひやってみてほしいことがあります。アマゾンのサイトでレビューが1000以上ついている本のレビューを見てみてください。

たとえば、『嫌われる勇気』（岸見一郎、古賀史健共著　ダイヤモンド社）や『反応しない練習』（草薙龍瞬著　KADOKAWA）といった私も大好きなベストセラー本のレビューを見ると、どちらも高評価がほとんどですが、星1つや2つの低評価をつける人もいることがわかるでしょう。こんなに多くの人から支持されている良書でも、全く役に立たないと酷評する人もいるのです。

その人がこれまでどう生きてきたか、今どんな課題を抱えているか、世界をどんな風に見ているか、自分のことをどう捉えているか、など個人の事情により、同じ製品やサービスでも全く評価が分かれてしまうのです。

アンチがいるからといって『嫌われる勇気』や『反応しない練習』の著者の方々が筆をおいてしまったら、そんなもったいないことはないですよね。何万人もの人々に生きる勇気を与えているのですから。

一定の割合でデビルがいるのが当たり前ということを腑に落として、エンジェルやエンジェルに近い凡人の方々のために、自分ができる最善の努力をして製品やサービスを提供する。あとは、どう評価されるかは気にしない。このマインドセットがとても重要です。

「自分たちがお客さまを選ぶ」感覚で

「お客さまはいつも正しい」「お客さまは神様です」

そんな言葉を一度は聞いたことがあるでしょう。

けれどもあえて言います。**お客さまはいつも正しいとは限らない。**神様のようなお客さまもいれば、デビルのようなお客さまもいます。

私がいるコーチング業界では、「理想のクライアント（お客さま）」という言葉をよく使います。コーチである私たちにとっての、理想のお客さまの特性を定義し、その特性に合うお客さまをクライアントにするということです。そう、サービスを提供する側である私たちコーチがクライアントを選ぶのです。

これには理由があります。コーチングがうまく機能し、クライアントが望む結果を得るには、コーチとクライアントの価値観が大きくずれていないこと、相性が合うことなどが大きく関係しているからです。コーチも人間ですから、人の痛みのすべてが理解できるわけではありません。また、すべてのゴールを大事だと思うわけでもありません。だから、「こんな問題を抱えている人、こんなゴールを達成したい人をサポートしたい」とコーチ自身が決めていいのです。

たとえば「モテる方法」をコーチングしてもらいたい人は、「モテることが大切」だと考えているコーチにつくのが正解。けれども、「恋愛は数より質、モテたいなんて一切思わない、モテたいと思うなんてばかばかしい」と考えているコーチもいます。このようなコーチがクライアントさんから「モテるようになりたい」と言われても、両者の関係はうまくいかないでしょう。

多様性が重視され、受け入れられるようになってきている今、お客さまの好みや望みはますます細分化していくでしょう。そんな状況のもと、商品やサービスを提供する側の私たちも、すべての人から愛される商品やサービスを狙うのではなく、「こんな悩みやこんな夢を持ったお客さまのために」と具体的にペルソナを設定して、商品やサービスを提供していいのです。最高の商品やサービスを提供するためにも、万人受けを狙うのではなく、私たちがお客さまやファンを選ぶくらいの感覚でいていいのです。

批判的な評価の受け止め方

私は『鋼の自己肯定感』を出版して以来、多くの方から感想をいただくようになりました。「気持ちが楽になった」「生きる希望を持てた」「ありがとう」という嬉しい評価から、「あまり役に立たなかった」という評価まで様々です。本の中でシリコンバレーの住人の習慣について多く語っていますが、これに対しても、「シリコンバレーに住みたくなった」「海外の事情がわかってとても参考になった」という好意的なものから、「自分は日本人だからシリコンバレーなんて興味がない」といった否定的なものまでいろいろあります。

「自己肯定感を高める」がテーマなので、「自己肯定感を高めたい」「高めるヒントがほしい」と思って読まれたのでしょう。ですから、私は否定的なコメントをいただいたときは、私個人への批判ではなく、「この本を読んだらヒントが得られるかと思ったけれど、得られなくてがっかりした」、あるいは「この本で伝えている方法に納得がいかなくてがっかりした」と捉えるようにしています。そして、「次に書く本は、ここをもっと説明しよう」「ここはもう少し違う角度で書いたほうがいい」というありがたいヒントをいただいたと考えています。


エンジェルのお客さまからの喜びの声はいつでも嬉しいものです。一方で、不満の声や怒りの声があったとき、そのお客さまが、こちらの対応しだいでエンジェルに寄ってくれる凡人なのか、それとも何をしても変わることのないデビルなのかは見極めが必要です。

私の例でお話ししましょう。私は YouTube でも自己肯定感を高める方法について発信しています。その中で、「自己肯定感とは、生まれたての赤ちゃんに抱く無条件の愛を自分に対して抱くこと」とお伝えしたところ、「私は無条件に親から愛されてこなかった。ただ寝ているだけで無条件の愛をもらっている赤ちゃんを見るとムカつく。こんな私はどうしたらいいの？」といった内容のコメントをいただいたことがあります。

その方もYouTubeのチャンネルをお持ちだったので、彼女のチャンネルを見てみると、お花などの優しい風景動画がたくさんアップされていました。それを拝見して、心が綺麗な優しい方なのだなと感じました。

いただいたコメントはポジティブなものではなかったのですが、この方なら、もう少し違う角度で説明をすればわかってもらえるだろうと直感しました。これが、世の中への怒りをぶちまけているようなネガティブなチャンネルを運営されていたのであれば、私の判断は違うものになっていたでしょう。

そこで彼女のコメントに対し、「回答動画を作りたいのですが、いいでしょうか？」とコメントを返したところ快諾してくださったので、「親に無条件に愛してもらえなかった私はどうしたらいい？」という動画をYouTubeにアップしました。この動画を見てくださった彼女は180度変化し、疎遠だったお母様と久しぶりにお話しをされたそうです。

その結果、お母様のことを理解し、関係を修復することができたという嬉しいコメントをいただきました。


この出来事を、本書でお伝えしている3ステップの観点から振り返ってみましょう。

まず、**自分の心はどこにあったのかを知ります（ステップ1）。**

それは、一人でも多くの人にかけがえのない自分を無条件に受け入れて愛してほしい、そのための方法を伝えたいということです。

次に、**「こんな私はどうしたらいいの？」というコメントをくださった方の心はどこにあったのかを見極めます（ステップ2）。**

それは「本当は自分のことを好きになりたいけれど、やっぱり無理。がっかりした。どうしたらいいのか教えてほしい」といったところでしょう。

ステップ1、2と段階を踏んで、自分の心の位置、相手の心の位置を確認した後は、**ステップ3で、では自分はどうすればいいのかを考えます。**

私が出した答えは、「その方にわかってもらえるように、ひっかかっている箇所を丁寧にお伝えする」でした。そして見事に理解していただくことができたのです。

第7章

「専門家の評価」に惑わされない方法

直感は頼りになる

この章では、医者や、弁護士などの士業、エージェントといった、その道のプロや専門家からの評価をあなたがどう評価したらいいかについてお話しします。

こう言うと、「いやいや私には専門知識は全くない。その道のプロの評価を私が評価するなんて無理」と思うかもしれません。けれども、無理ではないのです。専門知識はなくても、あなたが専門家の評価を評価する方法があるのです。

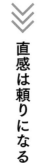

まず大事なことは、「**専門家はみな同じ考えを持っているわけではない**」ということです。一人の専門家があなたにXという評価を下したとしても、別の専門家もXと言うとは限らないのです。

病気を治したいなら、「あなたは治りません」と一人の医者に言われたからといって、それを鵜呑みにしてはいけません。あなたのゴールが「病気を治したくない」であれば鵜呑みにしてもかまいませんが、「病気を治したい」というのがゴールであれば、「病気は治ります」と言ってくれる医者が見つかるまで何人にでも会いに行けばいいのです。

100人医者がいて100人とも評価が全く同じということはありません。そうであれば、セカンドオピニオン、サードオピニオン……と、あなたが望む結果が得られる医者を探せばいいのです。

他の専門家でも同じです。100人投資家がいれば、あなたのビジネスのアイデアに対する評価は100通りでしょう。一人の投資家が「そんなアイデアくだらない」と言ったからといって、起業を諦める必要はありません。

専門家の評価を鵜呑みにしてしまう癖は、親や教師の言うことを鵜呑みにしてきたこととつながっています。自分より力がある人、知識がある人の評価は正しいに違いない、力がなく知識もない自分がそんなエラい人に逆らうなんてとんでもないという考えが、長年にわたり頭の中に染み付いているのです。

実は、**あなたには専門家にない強みがあります**。あなたは当事者ですから、どんな専門家よりもあなたが望む結果を望んでいるはずです。その強い望みが専門家でも見落としてしまうような解決の糸口に気づかせてくれることがあります。

また、**あなたのことを一番よく知っているのはあなた自身です**。自分がこれまでに罹《かか》った病気、自分の生活習慣などをあなたはどんな医者よりも知り尽くしています。自分のビジネスのアイデアがなぜ素晴らしいかを一番理解しているのもあなた自身なのです。

あなたの直感や意見は、あなたが思っているよりもずっと頼りになるものであることを理解しましょう。

200人の投資家からのノー評価にも屈しなかったスターバックス元CEO

第5章にも登場したスターバックス元CEOのハワード・シュルツさんに再び登場してもらいましょう。

もともとコーヒー豆を売っていたスターバックス社に就職したハワードさんは、出張で初めてミラノを訪れた際、街のあちらこちらにエスプレッソバーがあることに気づきます。それぞれのエスプレッソバーには朝から常連が集まり、エスプレッソカップを片手に店主と楽しそうに話しています。コーヒーの香りと人々の笑い声でミラノの街は活気に溢《あふ》れていました。

ハワードさんがなかでも驚いたのは、カフェラテという当時のアメリカにはなかった飲み物でした。砂糖が入ってないのに、蒸気で温められたミルクのおかげでほのかな甘みがある。ハワードさんはすっかりカフェラテの虜になってしまいます。

この見たことのない光景、そして初めて味わうカフェラテに感銘を受けたハワードさんは、アメリカに戻るやいなや、スターバックス社の当時のオーナーに、豆の小売業だけではなく、イタリア風のエスプレッソバーをオープンすることを提案します。

しかし、豆の小売業で、ある程度成功していた当時のオーナーはハワードさんの提案に難色を示します。最終的にハワードさんは独立し、イル・ジョナーレという名前でエスプレッソバーを多店舗展開しようと資金を集めることにします。

ハワードさんは、ミラノのエスプレッソバーで魅了されたコーヒーの香り、人々が集《つど》うエネルギッシュな光景を忘れることができず、これは必ずアメリカでもうまくいくと確信していました。けれども、多店舗展開に必要な資金を集めるのは容易なことではありませんでした。ハワードさんは２４２人の投資家に自分のビジネスプランを説明しましたが、

217人からノーを突きつけられたといいます。

200人を超える投資家に「君のビジネスプランは出資するに値しない」という評価を受けたのです。当時は全く無名だったハワードさんを邪険に扱う投資家も少なくありませんでした。シアトル中の投資家の門を叩き続けた当時を振り返り、「将来もしも自分が投資する側になることがあったら、どんなビジネスプランでも尊敬の念を持って聞いてあげようと思う」とハワードさんは著書『Pour Your Heart Into It』(Hyperion)』に記しています。

断られても、断られても、シアトル中の投資家にプレゼンし、ハワードさんはなんとか必要な額を集めることができました。そしてのちに売りに出されたスターバックス社をハワードさんが買い取り、彼の率いるエスプレッソバーのチェーンは、イル・ジョナーレからスターバックスに名称を変更して、現在に至ります。

ハワードさんが217人の投資家からの評価を真に受けて、「やっぱり自分のビジネスアイデアはバカげているのかもしれない。無理なのかもしれない」と諦めていれば、今のスターバックスは存在しません。

ハワードさんの心はどこにあったのか？（ステップ１）

それは、ミラノで見た活気溢れるエスプレッソバーをなんとしてもアメリカで実現したいという愛に溢れた熱い思いです。

投資家の心はどこにあったのか？（ステップ２）

「コーヒーではなく、もっとすごいものに投資したい」「エスプレッソバーなんかで金が儲かるわけがない」。こんなところでしょう。

そして**ハワードさんはどうしたか？（ステップ３）**

自分の心に耳を傾け、ビジネスチャンスを読む専門家である２１７人の投資家の評価には屈しませんでした。きっとたくさんのアメリカ人に喜んでもらえるはずだから、何度断られても必要な金額が集まるまでプレゼンし続けるという行動を取ったのです。

医者のポジショントークを見抜く

私には一人娘がいますが、私が若かった頃は子どもなんていつでも簡単にできると思っていました。まずキャリアをしっかり確立して、そろそろ子どもがほしいと思い始めたのは30歳を過ぎてからでした。早生まれの私は、誕生日順に並べられるといつも最後のほうだったので、4、5月生まれに憧れていました。私の子どもは4月か5月生まれになるといいいな、なんて気軽に考えていたのです。

ところが、何年経っても子どもはできません。病院で調べてもらっても、「絶対に子どもはできない」という原因は一つも見当たらず、「原因不明の不妊」という診断を受けました。5年ほどシリコンバレーでありとあらゆる治療を受けた後、担当の先生に「うちの病院でできることは全部したから、このお医者さんに会いに行きなさい」と別の病院を紹介されます。

シリコンバレーにおいて不妊治療の最高峰と言われるその病院の院長先生に診てもらお

うと予約をしましたが、なんと3か月待ちです。面談の際は、今までの治療や診断結果を全部持ってくるようにと言われました。

やっとこれでなんとかなると心待ちにした面談の日。名医の誉れ高いD先生は私が持ってきた資料をパラパラとめくるなり、

「君に子どもができるとしたら奇跡だ。お金のムダだから君の卵子での体外受精はやめなさい」

と、無情のひと言。

衝撃を受ける私に、続けてこう言いました。

「君に似た顔の若いアジア人の卵子を使って体外受精すればいい。そうすれば君は簡単に妊娠できる」

めったに涙を流さない私ですが、予想もしなかったD先生の〝宣告〟に、私はその場で泣き崩れてしまったのです。

ショックのあまり、私はその後6か月ほど不妊治療に関しては何もしませんでした。けれども、私の中には子どもを諦めるというオプションはありません。また自分以外の誰か

の卵子を使うというアイデアも、容易に受け入れられるものではなかったのです。

落ち着いてから私は考えました。なぜD先生はあんなことを言ったのか？　D先生の心はどこにあったのか？

2005年頃のアメリカでは排卵誘発剤を打ち、とにかく数で勝負するという治療法が主流でした。私も排卵誘発剤を何度か打ったのですが、私の体はこれに反応せず、排卵した卵子の数はとても少ないものでした。つまり私は排卵数においては超劣等生だったのです。

不妊治療を続けていると、それまでは気づきませんでしたが、「実は私も」と名乗り出る友人が何人かいて、いつしか不妊治療仲間ができていました。どこのクリニックがいいか、どんな治療法がいいかを集まっては話していましたが、不妊治療クリニックを選ぶ際、彼女たちがいつも気にしていたのは成功率でした。体外受精の回数に対する出産の率のことです。

そのD先生のクリニックのホームページには、成功率がいかに高いかが誇らしげに書いてありました。

「そういうことか」

あのときのD先生の言葉の真意が腑に落ちました。数で勝負しているので、排卵誘発剤に反応しない私を患者として受け入れると、クリニックの成功率は下がってしまいます。確実に1回で成功するであろう若いアジア人女性の卵子を使いたかったのはそのためです。D先生は私たちにいくら貯金があるかなんて知りません。お金のムダだという発言は言い訳でしかなかったのです。

本当に私たちのことを思ってくれたのであれば、D先生はこんな風に言えたはずです。
「今までの治療歴から判断すると、自分の卵子を使いたいなら、君たちの場合、少し時間がかかるかもしれない。排卵数が少ないから体外受精を数回くり返すことになると思う。その分お金もかかる。それでもいいなら、君たちが納得いくまで全力でサポートする」
けれども、このような良心的なことをすべての患者に伝えていれば、D先生のクリニックの成功率は確実に下がってしまいます。後でわかったことなのですが、35歳を過ぎた女性には20代の女性の卵子を使うことを勧めるというのが、当時の主流だったようです。

実際、私と年齢が近かった私の不妊治療仲間も、彼女の不妊治療の先生に同じことを言われていました。彼女は先生の言葉をそのまま鵜呑みにして、あっさり自分の卵子を使うのは諦め、別の若い女性の卵子を使って妊娠しています。

私はどうしたかというと、ショックから立ち直った6か月後、アメリカがダメなら日本で受けようと考え、日本の4つの不妊治療クリニックを訪れました。

そのうちの3人の先生は私の年齢や今までの治療結果をベースに、「難しいかもしれない」とお茶を濁していました。しかし、残るE先生だけは、「君にも必ずできる」とポジティブに言ってくださいました。

「難しいかもしれない」という3人の先生のどなたかに治療してもらっても、うまくいかなかったら、「ほらね」ということになるだけ。そうであれば、騙されたと思って「君にも必ずできる」と言ってくださるE先生にお願いするのがいい。しかもE先生は、体に負担がある排卵誘発剤をなるべく使わないという画期的な治療法を取り入れている。そのことにも共感しました。

私は、E先生のもとで治療を受けることにしたのです。

きっとできると思って始めた治療でしたが、5回目の体外受精に失敗したときは、「自分の卵子では無理かも」という考えが頭をよぎり、であれば、と養子縁組についても調べ始めていました。

しかし、「何があっても子どもがほしい」という気持ちが神様に通じたのかもしれません。あるいは、「体外受精がダメでも養子縁組という道がある」と肩の力が抜けていたのが功を奏したのかもしれません。

6回目の体外受精後、見事に娘を授かったのです。まさに奇跡の子どもです。

この私の治療経験を3ステップで振り返ると次のようになります。

ステップ1：自分の心はどこにあったのかを知る

どれだけお金がかかっても、どんな手段を使っても子どもを育てる経験がしたい。できれば自分の卵子を使うことを希望するが、それが叶わないなら養子縁組をしたい。

ステップ2：相手（D先生）の心はどこにあったのかを見極める

排卵誘発剤への反応が良くない35歳を超えた患者に何度も体外受精をされては、クリニックの成功率が下がってしまう。若い提供卵子を使って体外受精してほしい。

ステップ3：自分はどうすればいいのかを考える

体外受精の成功率は気にせず、真に患者の思いに寄り添えるポジティブな医者（E先生）のもとで体外受精をくり返す。ダメなら養子縁組をする。

私が無事に娘を授かった後、同じように不妊で悩む女性の相談を受けたことが何度かあります。私のように、「何が何でも子どもがほしい」という人もいれば、「みんなが子どもを作っているから私も、と思っていたけれど、そんなにお金も時間もかけてまではほしくない」という方もいました。

これは私自身の不妊治療というお話ですが、他の病気にも当てはめることができます。まずお医者さんは、同じ病気に対してそれぞれ考え方が違うということ。一人のお医者さんが治療は難しいと言ってもそれを鵜呑みにする必要はないということです。

ステップ1で「自分はどうしてもその病気を治したいのだ」という自分の心の位置が確認できたら、あとは行動あるのみです。

弁護士の言うことを鵜呑みにしたら泥沼訴訟に

みなさんもご存じの通り、アメリカは訴訟社会です。私が住むシリコンバレーの弁護士費用はとても高額で、専門分野にもよりますが、離婚訴訟であれば、1時間あたり500ドルくらい（2024年2月現在の円相場で約7万5000円）はかかります。弁護士費用がかさんで自己破産してしまう人もいるほどです。

私は数年前に離婚していますが、話し合いをまとめるために2年以上の月日がかかりました。調停がうまくいかなかったため、元夫と私は別々の弁護士を雇い、話し合いに臨んだのです。

あるとき、なかなか話が進まないので、裁判所から状況確認のための出廷の要請を受けました。

私は自分の弁護士と数時間話をして出廷の準備をしました。私の弁護士は裁判所のスケジュールを確認した上で、私に次のように教えてくれました。

「その日は、○○という裁判官が担当のはずだ。○○裁判官にこう伝えると、向こうはきっとこう答えるから」

ところが、当日担当になったのは○○裁判官ではなく全く別の裁判官です。私は弁護士に教えられた通りのことをその裁判官に伝えましたが、回答は、私の弁護士が予想していたものとはまるで違ったものでした。

そのとき感じたのは、やはり裁判官もそれぞれ考え方が違うものだということ。どんな裁判官に当たるかで、法の解釈、状況の解釈が異なることに気づいたのです。

私の弁護士は、私のことを思ってくれるとても良い弁護士でした。彼女の仕事はできるだけ私に良い条件で離婚を成立させることです。一方、元夫の弁護士の仕事は元夫にできるだけ良い条件で離婚を成立させること。つまり、私の弁護士と元夫の弁護士の目的は永遠に相反するものなのです。

法の適用は誰もが認める一つの正解があるのではなく、解釈しだい、言い方しだい、見せ方しだいということがわかってきた私は、このままいくと、莫大な弁護士費用がかかることに気づきました。それだけでなく、資料などを提供したり、話し合いに参加したりする私の時間と心のエネルギーも多大なものだと実感したのです。

みなさんは、アメリカのセレブの離婚訴訟の話を聞いたことがあると思います。直近では、ジョニー・デップとアンバー・ハードのおよそ6年にわたる泥沼訴訟が記憶に新しいのではないでしょうか。これだけ裁判が長引けば、弁護士費用も相当な額になると思います。

実はこれ、セレブだけの話ではありません。私のような一般人でも、弁護士の言うことを鵜呑みにし続けると、離婚訴訟は何年もかかり、費用は軽く1000万円を超えてしまいます。

私の弁護士は「直子は損をしている。直子はもっとお金をもらうべきだ。ここで折れるな」と言います。けれどもこれから高校、大学に進学する娘がいて、私もしっかり仕事をして自分の稼ぎで生きていかなくてはならないときに、大事な貯金と心のエネルギーを離婚訴訟に使いたくはありません。

当時、私はすでに別居していて、動物が嫌いな元夫と暮らしていたときには飼えなかった犬を飼い始めました。犬を飼うことは、一人っ子である娘のたっての願いでもあったのです。

夕方仕事が終わってから、近所にあるドッグパークにわんこを連れて行くのが、私の新しい日課になりました。そこで私はアメリカ人のFさんと仲良しになります。

何かの拍子に離婚の話になり、彼女も離婚訴訟中であることがわかりました。彼女の場合はすでに5年も経過しているとのこと。元夫がいろいろ難癖をつけてくるので月に1回くらい出廷しないといけないとのことでした。そして、弁護士費用がかかり過ぎて生活が困窮しているという話もしてくれました。

私の場合、一度法廷で話しただけでも莫大なエネルギーを必要としました。彼女のように月に1回出廷なんてあり得ません。彼女の状況を聞いて、私の心は決まりました。「負けて勝つ」作戦です。

弁護士の言う通りにして戦い続ければ、もしかしたら、もっと有利な条件で離婚できるかもしれません。けれども、私はそのときすでにＩＴ業界を卒業しコーチとして、そして、出版が決まり著者としての一歩を踏み出したばかりでした。私の大切なエネルギーをもっと大事なこと、私の新しいキャリアに使いたい、元夫と私の間に立っている娘のためにも、お金やエネルギーをムダ遣いしてはいけないと確信したのです。

私の弁護士は「なんで諦めるの？　こんな不利な条件でいいの？」と半ば怒っていましたが、私は「これでいい」と伝え、それ以上争うことはせず、早急に話をまとめるという選択をしました。

私の心の位置は元夫に勝つことではなく、いかに早く私が望む人生を手に入れるかが大切ということでした（**ステップ１**）。**私の弁護士の心の位置は、たとえ時間がかかっても私に勝ってほしいということ**（**ステップ２**）。クライアントを勝たせることが弁護士の仕事なのですから当たり前です。**私がステップ３で決めたのは、この弁護士さんの気持ちはありがたくいただき、そして手放すということ**でした。

不動産エージェントの言う通りにしていたら、1000万円損していたかも

2022年の1月から2月にかけて、私がサンフランシスコで家を探していたときの話です。私はサンフランシスコの郊外に住んでいるのですが、娘の学校にもう少し近い場所に引っ越そうと物件を探していました。

当時は金利がゼロに近く、完全な売り手市場。一軒の家に対してオファーが殺到し、売り手の希望価格に50%上乗せしないと落札できないケースもありました。

そんな状況だったので、私は競争にならないような物件を狙って探していました。幸い理想に近い物件が見つかり、こちらからオファーを出すことに。この価格、この条件で買いたいというオファーです。

私はその物件に合計4回足を運びました。うち2回は娘も一緒です。年頃の娘はいつも私に送り迎えをしてもらうのではなく、自分一人で通学できるよう、駅まで歩ける距離か、

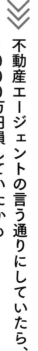

歩けたとして治安はどうかなどを自分自身の目で確かめておきたかったのです。

中古の物件ではあっても、「ステージング」（室内を家具や観葉植物、照明などで演出し、印象をアップさせる見せ方）をしているので、モデルルームのように綺麗です。けれども、部屋の隅々までじっくり見ていくと、食洗機のカビや、水回りの管が錆《さ》びついていたりするのが目につきました。

他にも似たような物件を見て回り、またここ数か月で似たような物件がいくらぐらいで売れたか、自分なりに調べてみました。その結果、私の不動産エージェントに件《くだん》の物件に対する希望のオファー額を伝えたところ、彼女は「その値段では落とせないだろう」と、私の提示よりも１０００万円ぐらい高い値段を提案してきたのです。

私はその年の4月に1冊目の本の出版が決まっていたので、3月半ばから日本に5週間ほど滞在する予定が入っていました。そのため、その物件にはオファーを出さず、時間切れとなりました。結局いろいろ考えた末、私は今の家に留まることにしたのです。

果たして、私が買おうと思っていた物件はその後どうなったでしょうか？

買い手がなかなか見つからない状況のもと、金利が上がって売り手市場が終わってしまい、私がオファーしようと思っていた額よりもさらに500万円ほど低い価格で買い手がついたのです。近くの似たような物件も、それくらいの価格まで落ちていました。つまり、私がオファーするつもりの値段で買うことができたということです。

不動産エージェントは、家の売買を仕事にしている専門家です。私のエージェントも日々、業界のトレンドや相場の情報を細かく得ているでしょう。けれども彼女の言う通りにしていたら、1000万円も損をするところでした。

彼女は、私のように4回もその物件に足を運んではいません。キッチンやバスルームなど、あらゆる引き出しを開けて傷み具合をチェックしていないはずです。駅まで歩いて周囲の治安や雰囲気を肌で感じるということもしていないでしょう。

専門家からの評価を専門家ではない私たちが評価するには、専門家が何を考えているのかを推察することが大切です。**私たち買い手の心は、当然のことながらできるだけ理想に近い家を理想に近い値段で買いたいということ（ステップ1）**。そのためには時間をしっかりかけて選びたいというのも私たち買い手の気持ちです。

一方で、**不動産エージェントの心はどこにあるのか？（ステップ2）**。エージェントからすれば、クライアントが買った家の価格の数パーセントが自分たちの収入になるわけですから、一軒一軒に時間をかけて調べるのは割に合いません。なるべく安くではなく、少し高めでも確実に買える値段設定にし、早く買ってもらったほうが数をこなせるので、エージェントにとってはトクということになります。またエージェントが実際にその家に住むわけではないので、実際に住むことになる私たちほど細部にこだわる必要もありません。

専門家の言うことを鵜呑みにするのではなく、自分で現地に足を運び、隅々までリサーチをし、心と頭を使って自分なりの結論を出すことがいかに大事かということを実感した一件でした。

自分のゴールと専門家のゴールのズレを見極める

この章で挙げたケースからもわかる通り、相手が専門家の場合は、自分のゴールと専門家のゴールが一致しない場合があるので注意が必要です。本書では、ステップ1で自分の心の位置、ステップ2では相手の心の位置を考えますが、心の位置は、ここでいうゴールとほぼ同義語だと考えてください。
この章で挙げたケースを振り返ってみましょう。

不妊治療の場合

●自分のゴール：どれだけお金がかかっても、何度トライすることになっても、とにかく自分の卵子を使って子どもがほしい。それが不可能なら、養子縁組をする。
■不妊治療の専門医のゴール：不妊治療クリニックの優劣をつける指標である体外受精の成功率を高く保ちたい。そのためには排卵誘発剤に反応しない患者は受けない、もしくは、そのような患者を受けるのであれば、若い第三者の卵子を使った体外受精しか行わない。

離婚訴訟の場合

●自分のゴール：自分のお金、時間、心のエネルギーを考えて、正しさや勝つことを求めるよりも、ある程度妥協しても早急に決着をつけたい。

■弁護士のゴール：クライアントの時間やお金がかかることになっても、クライアントにできる限り有利な条件で決着をつけたい。

不動産購入の場合

●自分のゴール：とても大きな買い物なので、条件にぴったり合った物件を納得のいく価格で購入したい。焦って高い値段でのオファーはしたくない。
■不動産エージェントのゴール：収入は売った家×手数料で決まる。一人のクライアントに時間をかけてしまったのでは回転率が悪い。また、できるなら高めの額でオファーを出したほうが、確実に早く物件を購入できる上に自分が得る手数料も多くなる。

もちろん、私が日本でお世話になった不妊治療クリニックの先生のように、成功率は度外視して、良心的に対応してくださる専門家もいます。また私の離婚弁護士さんだって、正義を追求すること、私にとっての最大の利益を求めることが、私のためだと思ってくれたのでしょう。

専門家に依頼するにあたっては、ぜひ、その専門家のビジネスの仕組みまで考えてみてください。そうすれば、自分にとって最良のことが専門家のビジネスにとっては最良でない場合もあることがわかるでしょう。そしてもちろん、自分のビジネス優先ではなく、顧客にとって何が大事かを優先させてくれる専門家もいることを忘れないでください。

自分のゴールに見合った専門家とタッグを組む

これまでお話ししたように、専門家といえども、みな一様ではありません。だとすれば、自分が望む結果をより得やすいような専門家とタッグを組んだほうがいいですよね。

カフェの多店舗展開を実現するという望みを叶えたいのなら、そのアイデアを信じない投資家の言うことを鵜呑みにするのではなく、スターバックスのハワードさんのように、そのアイデアを信じる投資家を一人残らず探して回ることにフォーカスすればいいのです。「専門家の意見を疑うなんて失礼だ」という遠慮は不要。もし、遠慮を感じるなら、第3章の「『一人の意見＝すべての人の意見』ではない」「最終決断は自分でする」「『同調＝

尊敬』ではない」といった項目をぜひ読み返してください。

つい最近もこんな話を知り合いから聞きました。

彼女の友人が癌と診断され、即刻手術を勧められたそうです。その人は、医者の診断を疑うことなく、早速手術を受けようと思いましたが、その病院が自宅から遠かったため、術後のことを考えて、自宅近くの別の病院で手術を受けることにしました。

その病院で改めて医者に診てもらったところ、癌ではなく、よく癌と間違われる病気だとの診断。もちろん手術も必要ありません。

彼女の友人の場合、一人の医者の言うことを鵜呑みにして危うく不要な手術をするところだったのを、たまたま別の医者に診てもらったことで、手術をせずにすんだのです。

専門家の意見に疑念を抱くことは、その専門家を尊敬しないこととイコールではありません。**意見と人格は切り離していい**。専門家としてその人を尊敬しつつ、意見には賛成しなくてもかまわないのです。

本書で一貫してお伝えしているのが、「**あなたの人生はあなたのもの**」ということです。

たとえ相手が専門家でも、たった一人の専門家の言うことを鵜呑みにしてはいけません。

もちろん、その専門家の評判を信頼できる人たちから聞いていて、最初からあなたが心から望む結果に導いてくれそうな場合は、安心してその専門家の評価に耳を傾けてください。すべての専門家を疑ってかかれ、と言っているわけではありません。

疑ったほうがいいのは、あなたの望む結果に導いてもらえそうにない場合です。あなたが本当に病気を治したいと思っているなら、頭から「この病気は治らない」と決めつける医者の言葉を鵜呑みにする前に、「この病気はこうしたら治る」と丁寧に説明してくれる医者を探してみましょう。

生まれてからこれまでのあなたの歴史を知っているのはあなただけ。あなたがどんな夢を抱いて、何を犠牲にして何を叶えたいのか、それがわかるのもあなただけ。

専門家の意見は同じではないのですから、あなたのゴールに一番合った専門家とタッグを組みましょう。専門家の意見は必要なときに必要な分だけ聞く。納得がいかない意見は鵜呑みにせず、納得がいく意見を伝えてくれる専門家を探す。

専門家の評価を受け入れるかどうか、最終決断は必ずあなたが下すのです。**あなたの人生の最終責任は専門家ではなく、ほかでもないあなた自身にあるのですから。**

第8章

「人生のゴール」はこう設定しよう！

大学受験に失敗した2人の〝その後〟

大学受験。それは多くの人にとって人生の一大イベントではないでしょうか？

大学受験というのも、「試験問題を作って採点する大学の教員からのあなたへの評価」と捉えることができます。その評価しだいで自分のその後の人生が大きく変わってしまうと思っている人も多いことでしょう。

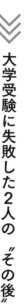

少し前の話になりますが、昭和の時代、同じ頃に大学を受験して失敗した2人の話をしましょう。

Gさんは大家族の次男として鹿児島県で育ちました。両親が受けた教育は小学校のみ。両親はGさんにも早く社会に出て働いてほしいと考えていたので、勉強のよくできるGさんが大学を受験したいと言い出したときは反対しました。Gさんは高校の先生のサポートもあり、なんとか大学を受験しましたが、第一志望だった大阪大学の医学部には合格することができませんでした。結局、地元の鹿児島県立大学（現在は鹿児島大学に併合）工学部応用化学科に進み、有機化学を専攻することになりました。

一方、Hさんは４人兄弟の長男として三重県で育ちました。父親は早稲田大学を卒業しており、母親も女学校を優秀な成績で卒業。そんな両親は、Hさんが当然大学に行くものと期待してHさんを育てました。しかし、Hさんは第一志望だった東京大学の文学部に合格できず、当時は建築ブームだったこともあって、文学とは全く違う地元の名古屋工業大学の建築学科に進むことになりました。

両親の大学進学に対する期待値が異なっていたという違いはありますが、GさんもHさんも第一志望の大学には入れず、地元の大学で志望とは全く異なる分野を勉強することになったという点は同じです。

GさんとHさんはその後どうなったでしょうか？

Gさんは志望する大学ではなかったけれど、大学では猛勉強します。卒業後も志望した会社には入れませんでしたが、やっと拾ってくれた会社で誠心誠意仕事に励みます。そして独立して自分で会社を興し、売上が数兆円規模の大企業に育てあげ90歳まで長生きしました。

一方、同じように志望する大学に入れなかったHさんは、その時点で人生を半ば投げ出してしまいます。大学ではある程度勉強しましたが、不合格になったトラウマは消えません。卒業後就職した建設会社では、建設現場の監督を任されましたが、元来インテリのHさんは、高校や大学に行っていないヤンチャな現場の人たちをうまくまとめることができませんでした。生徒会長なども務めて人気者だった高校時代を頂点に、Hさんの人生は下り坂の一途をたどっていったのです。社会に出てもうまくいかず、私生活でも不摂生がたたり、54歳という若さで亡くなってしまいました。

もうおわかりの方も多いでしょう。Gさんというのは、京セラの創業者、私が盛和塾シリコンバレーで8年間お世話になった稲盛和夫さんです。そしてHさんというのは、私が20代のときに亡くなった私の父のことです。

第一志望の大学に入れなかったという事実は全く同じ、そしておそらく学校での成績もあまり変わらなかったであろう2人のその後の人生が、こうも違ったものになってしまったのはなぜなのでしょう?

それは、試験の結果一つでその後の人生が決まってしまうと思うかどうかです。入試問題を作り採点する人々からの評価を自分の人生の最終評価と受け止めるかどうかです。第5章でご紹介したディーン・グラジオーシさんのエピソードをぜひもう一度読み返してみてください（139ページ）。**学校のテストや入学試験で測ることができる人間の能力というのは、私たちが持っている能力のほんの一部でしかない**のです。

私たちは無限の可能性を秘めています。希望の進路に進めなかったとき、「受験に失敗したから」を口癖にするのか、「受験には失敗したけれど」を口癖にするのかで、その後の人生は驚くほど変わっていくのです。

評価の基準は千差万別

俳優や声優、ナレーション業をしている方には、オーディションがつきものです。その合否に生活がかかっているわけですから、結果に一喜一憂するのも無理はありません。

けれども忘れてはいけないのが、審査をする人も「ただの人」であり神様ではないということです。

評価の基準は千差万別です。もちろん自分の技術は常に磨き続ける必要はありますが、一人の審査員の判断を最終判断と思う必要はありません。

「専門家からの評価」について第6章でお話ししたように、自分の価値をわかってくれる審査員が見つかるまでオーディションを受け続けるという心構えでいいのです。

出版業界にも、企画書コンペや出版オーディションなるものが存在します。本を出したいと考えている人が、出版社の編集者さんの前で企画のプレゼンをし、編集者さんが「この企画は売れそうだ」とか「この人の本を出したい」と思ったものに手を挙げるというシステムです。

ここで大事なのは、編集者さんも人であって、神ではないということ。人間だからそれぞれの好みがあるものです。「売れる・売れない」の判断基準に加えて、「この内容に自分は興味がある」という編集者さん自身の好みも入ってくるでしょう。

たとえば、小学生の子どもがいる編集者さんが「小学生の育て方」について書ける著者を探しているというのはよくあることです。編集者さん自身の一番の関心事ですから、仕事にも熱が入ります。

では、婚活や妊活がうまくいかず焦っている編集者さんに、「小学生の育て方」という企画を持っていったらどうなるでしょう？　きっと「仕事とはいえ、少なくとも今はそのテーマについては考えたくない」と思われることでしょう。

「ただの人」と書きましたが、決して審査員や編集者さんをバカにしているわけではありません。私たち評価される側は、往々にして審査する側、評価する側のことを神のように扱い、彼ら彼女らからの評価が絶対であると思いこみがちですが、それは不要だとお伝えしたいだけなのです。

試験やオーディションの評価も、ぜひ本書でお伝えしている3ステップを使って、あなたが最終判断を下してください。

ここでは、「小学生の育て方」という本の企画を例に考えてみましょう。

あなたのお子さんは小学生のときに不登校になって苦労したけれど、おかげでその年頃の子どもの育て方のコツを掴んだ。それを周りに話したら、「教えてほしい」という人がたくさんいることがわかり、セミナーまで開催するようになった。そのセミナーの内容をそろそろ本にしたいと友人に話したところ、友人の知り合いの編集者さんに企画書を見せる機会をもらった。けれども、その後一向に返事がなく、数か月待って連絡したところ不採用ということだった。紹介してくれた友人から、その編集者さんは婚活真っ只中だという話を聞いた。

この状況を3ステップに当てはめてみます。

ステップ1：自分の心はどこにあったのかを知る

「小学生の子育てに悩んでいる全国の親御さんに、自分が導き出したコツを伝え、少しでも楽になってもらいたい」

そう考えるあなたの心は、とても正しい位置にあったことになります。

ステップ2：相手（編集者さん）の心はどこにあったのかを見極める

「私自身、婚活真っ只中でチョー焦っている。このままでは子どもを持つことはおろか、一生おひとりさまかもしれない。今は子育て本に全く興味を持つことができない」

自分が知り得る情報をもとに、編集者さんの心はどこにあったかを考えてみると、このような答えが出てくるでしょう。

ステップ３：自分はどうすればいいのかを考える

「これまでの経験から、この企画は多くの人の役に立つことがわかっている。そのことをわかってくれる編集者さんに出会えるまで企画書を出し続ける。大事なのは、なるべく多くの人になるべく早くこの内容を伝えることだから、最悪自費出版でもかまわない」

ステップ１、２と段階を踏んだ後、自分はどうすればいいか？　答えは簡単ですよね。

自分がなぜそれをやりたいのかを確認し、一人の編集者さんからの評価は最終評価ではないということがわかれば、自ずと見えてくるはずです。

人生のゴールは、抽象度が高く〝高次元〟な設定を

『鋼の自己肯定感』の中でアファメーションを使った言葉のワークをご紹介しています。アファメーションとは、なりたい自分を手に入れるためのポジティブな宣言のこと。このワークは、自分にポジティブな言葉を毎日かけることでセルフイメージ、そして自己肯定感を高めるのが目的です。

本の中でいくつか基本的なアファメーションを紹介していますが、中でも「効果があった！」と評判がいいのが、

「**私は何も証明する必要がありません**」

というアファメーションです。

この言葉には、「私たちはみな存在レベルで価値がある。だから誰に対しても何も証明する必要はない、証明することを動機にして行動する必要はない」という意味が込められています。

私の父は、頭が良いということを東大に合格することで証明しなければと思いこんでいたのでしょう。大阪大学の医学部に不合格だった稲盛さんは、そうは思っていなかったはずです。稲盛さんは入学できた鹿児島県立大学で一生懸命勉強すればいいと考えたのでしょう。

試験にしてもオーディションにしても、合格することそのものを最終ゴールにしてしまうと行き詰まってしまいます。本当のゴールは受かったその先にあるものです。

私の家ではお互い自分の気持ちを話すのがタブーのようになっていたので、私は父に直接「仮に東大の文学部に受かっていたら、その後どうしたかったの？」と聞いたことはありません。けれども祖母から、父は小説家になりたかったのだと聞かされたことがあります。

確かに父は無類の本好きで、父の書斎は小さな図書館のようでした。古典も大好きで、東京での浪人時代、お金が足りなくなって、「大好きな万葉集を泣く泣く売った」と話してくれたのを覚えています。

もし父のゴールが小説家になることだったとしたら？

谷崎潤一郎、夏目漱石、森鷗外、芥川龍之介、川端康成、太宰治、三島由紀夫、安部公房、辻邦生、丸谷才一、星新一、大江健三郎……。確かに父の本棚に並んでいる著者には、東大出身者が多数いました。もしかしたら、何事も一流を目指した父の中では、一流の小説家になるには東大が必須だという公式が出来上がってしまっていたのかもしれません。

けれども、小説家になるのと東大に入るのは別の次元の話です。東大に入れなくても、小説家になるという夢を諦める必要はなかったのです。


仮に東大に入った後のゴールが小説家になることだったとして、さらに問いかけてみるべきなのは、

「なんのために小説家になりたかったのか？」

ということです。

有名になりたいから。自分の文才を活かしたいから。読者に楽しんでもらいたいから。人生とはこういうものということを小説という形で伝えたいから。

その答えは人それぞれでしょう。亡くなった父の答えはなんだったのか、私はもはや知

ることはできません。

けれども、一つ言えるのは、もし父が、自分は存在レベルで価値があるのだから、何も証明する必要がないということに気づいていたら、「有名になりたいから」「自分の文才を活かしたいから」というような答えではなく、「読者に楽しんでもらいたいから」「人生とはこういうものということを小説という形で伝えたいから」といった答えになっていたのではないかと思います。

私はコーチとして、クライアントさんのゴール設定のお手伝いをしますが、**自分の生きる目的のような大きなゴールは抽象的なものであるほどいい**とお伝えしています。その大きなゴールまでの道のりを小さなゴールに分けてそれぞれ具体化していくのですが、小さなゴールでも「東大の文学部に入ること」「○○さんと結婚すること」といった抽象度の低いものはおすすめしていません。

大事なのはどんな風に生きたいか、どんな風に死にたいかです。「本という媒体を使って人々の幸せに貢献したい」「お互いを大切に思い、高め合えるような関係を築いて、幸せに過ごしたい」という抽象度の高いゴールを設定すれば、「東大の文学部」や「○○さんとの結婚」にこだわる必要は全くないということがわかるはずです。

「敬天愛人」の4文字を常に社長室に掲げ、経営に当たった稲盛さんには、「人々を愛し、天に恥じない生き方をする」という極めて抽象度の高い高次元の人生のゴールがありました。稲盛さんは、そこから逆算して日々何をすればいいかを決めていたのです。

人生の高次元のゴールを決めてそこから逆算し、今自分は何をすればいいか決める。これが試験やオーディションの合否に振り回されることなく生きていくための秘訣と言えるでしょう。

第9章

自分の人生は自分のもの

「他人の評価」はコントロールできない

私たちは「他人の評価」にある程度の影響を与えることはできても、完全にコントロールすることまではできません。アンチをゼロにすることは不可能です。

私たちにコントロールできること。それは、「他人の評価」をどのように評価するかです。

この本で、一番お伝えしたかったことを一つだけ挙げるとするなら、「**他人の評価は最終評価ではない。最終評価を決めるのはあなただ**」ということです。

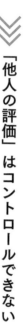

他人の評価を最終評価だと思っている限り、あなたは常に他人の評価に怯《おび》え続けるしかありません。高い評価を求めて不本意な決断や行動をしたり、低評価に心砕かれてしまうこともあるでしょう。他人の評価しだいで、あなたの気持ちはジェットコースターのように激しく上下するのです。

けれども、自分がすべきことは、常に自分の心の位置を確認して、自分がそのときできる最善のことをするだけだと心得ていれば、他人の評価を恐れる必要がありません。ポジティブに評価してもらえれば、もちろん嬉しいけれど、ポジティブに評価されなくても気にしないと割り切ることができるようになります。他人の評価は最終評価ではなく、その評価を自分が評価していいのだということに気づけば、他人の評価に振り回されることはなくなるのです。

誰にも自分が幸せに生きる権利を邪魔させない

あなたが他人の評価を評価するには、評価の基準となる「**確固たる軸**」があることが必要です。この確固たる軸を築くためにも、ぜひ第1章から第3章までをくり返し読み返してください。

特に大事なのが、第2章でお伝えした、**私たちはみな幸せになるために生まれてきた**ということです。

無力だった子どもの頃は、幸せとは到底言えない出来事が多々起こったかもしれません。

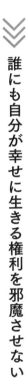

けれども大人になった今、あなたにぜひ決意してもらいたいのです。

「**誰にも私が幸せに生きる権利を邪魔させない**」

こんな私だから他人にひどい扱いを受けても仕方がないとは決して思わないでほしいのです。

付き合う人を選ぶ。仕事を選ぶ。住む場所を選ぶ。日々の習慣を選ぶ。自分が自分に語りかける言葉を選ぶ。自分の思考を選ぶ。自分が取る行動を選ぶ。

あなたは選ぶことができるのです。それが大人の特権です。あなたが幸せと感じられることを最優先してこれらを選んでください。

ここでよく混同しがちな、似て非なる2つの概念についてお話ししましょう。

「**あなたが幸せに見える」ということと「あなたが幸せに感じる」ということは、似ているようで、実は全く異なる2つの概念**です。あなたに優先してほしいのは後者のほうです。

SNSで友人が「幸せそうに見える写真」をアップしているのを目にして、自分も幸せそうに見える写真をたまにはアップしないといけないのではと焦燥感に駆られる人も少なくないでしょう。大勢の人と笑顔で食事している姿。家族と遊園地に行っている姿。海外旅行を楽しんでいる姿。

けれども本当に大事なのは、あなたが幸せに感じているかどうかです。朝、挽きたてのコーヒー豆の香り漂うキッチンで、クラシックを聴きながら静かにコーヒーを味わう。夕方、愛犬の散歩に行って四季の移り変わりを楽しむ。好きなオーディオブックを聴きながら、洗濯物を丁寧に畳む。

幸せというのはSNS映えするものでなくてもいいのです。「幸せそうに見える」と「幸せに感じる」は全く別なのです。幸せに感じるというのは、誰かに自慢するための感情ではなく、心の底から湧き上がってくる「幸せだな〜」という、生きていることそのものに対する感謝の気持ちです。

そんな感謝の気持ちが自然に湧き上がるようにするためにも、自分は、どんな人と付き合い、どんな仕事をして、どんな場所に住んで、何をすれば幸せに感じることができるのかという問いにしっかり向き合うことが大切です。

イヤなことを我慢して、自己犠牲に走る生き方をしている人にしてみれば、自分の幸せを追求しているあなたのことを、「自己チュー、自分勝手」と思うかもしれません。けれどもそういう風に思う人は、自分が幸せに感じることをないがしろにして生きている人たちなのです。自由で幸せなあなたが眩《まぶ》しく羨ましいだけなのです。

あなたには幸せに生きる権利があるのです。絶対に誰にも邪魔させないでください。

自分の人生を後回しにしない

母が父と結婚するとき、母の母親、つまり私にとって母方の祖母にこう言われたそうです。

「これからは、あなたの仕事は、第一にお母さん（同居していた父の母）、次に旦那さん（父）、そして子どもができたら子どもたちは三番目。この順に支えなさい」

この話を私は母から何度も聞かされました。母は実際この教えに従って生きていました。父の死後も、母は再婚することなく、父方の祖母と同居し、祖母が94歳で亡くなるまでお世話を尽くしていました。

私が今になって不思議に思うのは、祖母が一番、父が二番、私と弟が三番だとすると、母自身は何番目だったのだろうということです。

若い頃はそんな疑問など浮かばなかったので、母の生前、この疑問を直接母にぶつけてみたことはありませんでした。もしかしたら、そもそも母は自分自身を大切にすることについてためらいがあったのかもしれません。

母が60代になってから、フランスのお料理教室がどんなものか見てみたいと言うので、パリにある料理とお菓子の専門学校「ル・コルドン・ブルー」で一緒に料理のレッスンを受講したことがあります。習ったレシピをその日に復習できるよう、パリ郊外にキッチン付きのアパートを3週間ほど借り、空いている時間には、パリ中のケーキ屋さんや星付きレストラン、美術館を訪れるなど、実に楽しい時間を過ごしたのです。

そんな母が、滞在中にポツリと呟《つぶや》きました。

「パリに来られるのは多分、これが最初で最後だと思うわ」

まだ60代の初めで健康な母がなぜそんなことを口にするのか、私には理解できませんでした。そんなに楽しいのなら、なぜ「これから毎年パリに来るわ」とか「また絶対パリに来る」と言えばいいのに……。

母はアメリカに住む私を訪ねてくることにも、よく二の足を踏んでいました。アメリカに来る直前に電話をかけてきて、「歯が痛くなったから行けない」「腰が痛いから行けない」「犬の世話があるから行けない」といった理由でドタキャンを言い出す母を電話越しに説得したことも何度かあったのです。

経済的な理由で二の足を踏んでいるのかもしれないと思ったりもしましたが、それは私の思いすごしでした。毎年配当金がもらえる保険にいろいろ入っていて、貯金と資金は十分にあったことが、母が亡くなった後にわかったのです。

母の中では、自分のためにただ純粋に人生を楽しむことに対して罪悪感があったようです。お料理の本を出版したいという夢を追いかけることも、きっと良くないことだと思っていたのでしょう。周りの人は、それが母の夢であることに気づいていたのですが、母はそれを自ら積極的に追いかけることをしませんでした。

私が12年間元夫と一緒に経営していた会社を売り払い、さて次はどうしようかと思いあぐねていたとき、母は私にこう言いました。

「どうして旦那さんに尽くすことに喜びを見出さないの？」

他人に尽くすことを最優先して生きてきた母は、私にもそうしてほしかったのでしょう。

元夫は売った先の会社の社員になり、その会社から私にも仕事の打診があったのですが、事情により私はそれを受けませんでした。10代の頃から一生経済的に自立して生きると決めていた私の中には、次の仕事を探さずに元夫のサポートに徹するという考えは全くなかったのです。

家族や周りの人を大事にすることはとても大切なことです。でも、それは自分の人生を犠牲にすることではありません。自分の人生は後回しにして他人に尽くしている人は、他人にも同じことを求めがちです。けれども、**みんながそうして自分の人生を後回しにしているると、結局、誰も自分の人生を生きていないことになってしまいます。**

あなたの人生はあなたのもの。あなたがあなたの人生を生きなければ、誰もあなたの人生を生きてはくれません。

自分ですべてを決め、結果もすべて引き受ける

子育てに悩む親御さんからのご相談を受けることがよくあります。10代後半、そして20代のお子さんを持つ親御さんがお子さんに言われて困る文句のトップ5に入るのが、「**自分で決めさせてもらえなかった**」ということです。

「習いたくもない習い事を続けさせられた」「やめたいと言ったのに、スポーツをやめさせてもらえなかった」「やりたくない勉強をすることを強要された」「学びたいことを学ばせてもらえなかった」「洋服を自分で選ばせてもらえなかった」「友人付き合いに口を出された」「自分で進路を選ばせてもらえなかった」……。

「そんなこと大したことではないのではないか？　親は子どものためを思ってそうしたのだ。育ててくれた親に対してそんなことを根に持つのは間違っている」

そう思う方もいらっしゃるかもしれません。

けれども実は大したことなのです。お子さんたちの言い分はごもっとも。自分の子どもとはいえ、子どもの人生を親が決めてしまってはいけないのです。

これほど多くのお子さんが「自分で決めさせてもらえなかった」ことに対して怒っているのは、**私たち人間は本来一人ひとり自分の人生は自分で決めることになっているからです**。そして、もちろん自分で決めたことで起こる結果に対しても、自分で１００％責任を持つ必要があります。

本来子どもが自分ですべきことを親がしてしまうから、親子関係が悪くなってしまうのです。このことが本当に腑に落ちれば、親子関係の問題のかなり多くが解決していきます。

あなた自身の親は、なんでも勝手に決めてしまう親だったかもしれません。けれども大人になった今、あなたはすべて自分で決めていいのです。そしてその結果を１００％自分で引き受けるのです。くり返しお伝えしているので、もう耳にタコができたかもしれませんが、もう一度お伝えします。**あなたの人生はあなたのもの**なのです。

自分ですべて決めて、その結果もすべて引き受ける。そう決意することで、誰にも振り回されることのない、本当のあなたの人生が始まります。

おわりに

ここまで本書をお読みくださり、ありがとうございます。

私は、前著『鋼の自己肯定感』の中で、自己肯定感を上げ下げする4大要因の1つとして「他人の評価」を挙げ、鋼の自己肯定感を育てるには他人からの評価は気にしないと決意すればいいと書きました。ところが、それに対し、こんなコメントをたくさんいただいたのです。

〝他人の評価は気にするな〟と言われても、そんなの無理だよね。

「そうか、それほど他人の評価を気にしないというのは難しいことなのか。なら、次の本でこの声に応えよう。わかっていただけるようにくわしく書こう」

これが、本書を執筆しようと思ったきっかけの一つです。読者の皆さまがこれを機に、他人の評価は、恐れたり、思い煩《わずら》ったりして気にするものではなく、自分の成長のためだけに戦略的に使えばいいもの、扱い方次第ではありがたいものだと捉え直していただけたら、著者としてこれほど嬉しいことはありません。

ここで、みなさんにお願いしたいことが2つあります。

1つは、なんとか他人に振り回されない自分になりたいと大切な人生の時間を使って本書を読み切ったご自身を褒めてほしいということです。謙遜文化がいまだにはびこっている日本では、自分で自分を褒めるということが習慣になっている人は少ないのではないでしょうか？

けれども、本書でお伝えしている3ステップを実践するには、自分の心に聞いて自分の頭で考える力を養っていくことが必須です。そのためには、もっと自分を尊敬して大切にし、まるで親友のように扱う必要があります。どうか、そのことを覚えておいてください。

もう1つは、一度さらっと読んで「やっぱり自分は変われなかった」と諦めないでほしいということです。

私はもう10年以上、ほぼ毎日、オーディオブックで本を耳から聴いています。自分に必要だと思った本は、50回でも100回でも繰り返して聴いています。

人というのは、それが不本意な状態だったとしても、恒常性を保ちたい、つまり現状のままでいたい生き物なのです。変わろうと思っても、すぐに過去の自分が顔を出し「今のままでいいじゃないか」と変わろうとするあなたを邪魔します。

ですから、本書でお伝えした3ステップを当たり前のように踏めるようになるまで、50回でも100回でも繰り返してみてください。きっと、他人の評価に振り回されない無双のメンタルを手に入れることができるはずです。

最後に、本書が生まれるきっかけになった「ウェブ心理塾」を主宰している精神科医でベストセラー作家の樺沢紫苑先生、スタッフの皆さま。また本書を編集してくださった光文社の三野知里さん、森岡純一さん。いつも様々なフィードバックを下さる講座やセミナーの受講生の皆さま。愛娘の凜奈と愛犬のステラ。今は亡き父と母。世界中にいる家族や友人たち。すべての皆さまに心より感謝いたします。

一人でも多くの人が自分の心と頭を信頼して無双のメンタルを手に入れ、自らの可能性の扉を開き、自分らしく人生を謳歌《おうか》することを願って止みません。

「あなたの人生はあなたのもの」

こんな当たり前のことが今よりもさらに当たり前になって、世界がより幸せな場所になりますように。

宮崎直子

宮崎直子（みやざき　なおこ）

◎－著述家、セミナー・企業研修講師、アラン・コーエン氏認定ライフコーチ。シリコンバレー在住＆勤務歴22年。三重県の漁師町生まれ。

◎－受験失敗から立ち直れず早世した父を見て、人はどうすれば幸せに生きられるのかを10代で考え始める。津田塾大学英文学科卒業後、イリノイ大学で社会言語学や心理言語学を学んで修士号を取得。日本NCRでプロダクトマネジャー等を務めた後、シリコンバレーに移住。ベンチャー企業からNTTの子会社まで様々なIT企業でマーケティング・営業職に携わる。ソフトウエア会社を起業、経営し、大手コンピュータ会社に売却。稲盛和夫氏の盛和塾シリコンバレーに8年間塾生として所属し、広報を務める。後にアラン・コーエン氏やアンソニー・ロビンズ氏といったコーチングプログラム開発者からメンタリングを受ける。

◎－著書『鋼の自己肯定感』（かんき出版）では、シリコンバレーでの経験、恩師からの学びにアドラー心理学、ポジティブ心理学、マインドセットなどを統合して編み出した独自の「一度上げたら二度と下がらない鋼の自己肯定感を身につけるメソッド」を紹介。Amazon7部門で1位を獲得、雑誌「anan」やプレジデントオンライン、東洋経済オンライン、ライフハッカーなどメディア掲載多数。

◎－宮崎直子が提供するメルマガ、講座、講演等の活動最新情報は、
公式サイトから。https://www.naokomiyazaki.com/

無双《むそう》のメンタル

シリコンバレーで学《まな》んだ「他人《たにん》の評価《ひょうか》」に振《ふ》り回《まわ》されない生《い》き方《かた》

2024年4月30日　初版1刷発行

著　者　宮崎直子
発行者　三宅貴久
発行所　株式会社 光文社
〒112-8011　東京都文京区音羽1-16-6
電話　編集部 03-5395-8147　書籍販売部 03-5395-8112　制作部 03-5395-8125
落丁本・乱丁本は制作部へご連絡くだされば、お取り替えいたします。
組　版　萩原印刷
印刷所　萩原印刷
製本所　ナショナル製本

ISBN 978-4-334-10303-3